POCHES ODILE JACOB

CW00553187

LES MÈRES JUIVES

Aldo NAOURI
Sylvie ANGEL
Philippe GUTTON

LES MÈRES JUIVES

Odile Jacob

poches

Ouvrage originellement paru sous le titre
Les mères juives n'existent pas... mais alors qu'est-ce qui existe ?

© Odile Jacob, 2005, mars 2007
15, rue Soufflot, 75005 Paris

www.odilejacob.fr

ISBN 978-2-7381-1898-1
ISSN : 1621-0654

PRÉFACE

On imagine toujours que les enfants, quand ils parlent entre eux, échangent des confidences sur leurs jeux ou leurs jouets préférés. C'est faux. Dès qu'ils ont intégré l'école, ils ne cessent plus de faire de cette dernière le centre de leurs conversations. Dans un véritable concours, qui tourne parfois au brouhaha, ils racontent leurs classes, leurs enseignants, leurs copains, leurs condisciples.

Qu'en est-il des grands quand ils se trouvent à partager un repas commun ? Ils font la même chose. Une fois épuisés les commentaires de l'actualité et de la culture, ils en arrivent immanquablement à leur profession, quand ils ne se réunissent pas sous ce seul prétexte. La satisfaction qu'ils tirent alors de leurs échanges peut même les amener à se retrouver régulièrement. Et ce n'est pas un hasard si ces fameux dîners en ville voient éclore le désir de formaliser les débats qui ont pu s'y ouvrir au point de conduire à envisager un véritable travail commun. C'est ainsi que Sylvie Angel, Philippe Gutton et moi-même en sommes arrivés, un soir, à nous intéresser de très près à la « mère juive ». Nos professions nous offrant des horizons proches, voire complémentaires, nos conversations avaient déjà souvent porté sur les enfants, les parents en général et les mères en particulier. Est-ce à cause d'une lecture, de l'exposé d'un cas ou d'une pièce de théâtre que nous nous sommes découvert le même intérêt pour ce personnage à l'appellation spécifique ? Je ne m'en souviens plus. Mais je me rappelle que chacun de nous semblait s'y intéresser pour un motif différent. Nous fallait-il en rester là, ou bien multiplier les rencontres, sans savoir où nous allions ? Nous avons alors décidé de travailler le sujet, d'explorer le champ qui s'offrait ainsi à nous et – pourquoi pas, si nos réflexions le méritaient ? – d'en faire un livre. Chacun de nous ayant déjà à son actif de nombreux ouvrages et le sujet nous passionnant au même point, il nous est apparu que nous ne pouvions pas faire autrement que d'écrire celui-ci ensemble.

Sylvie Angel, psychiatre, psychanalyste, thérapeute familiale ayant parachevé sa formation aux États-Unis, mère et juive de surcroît, ajouterai-je pour ne pas négliger ce détail de son personnage, a passé sa vie professionnelle à rencontrer des mères. Qu'elle les reçût seules, en face-à-face ou sur le divan dans le cadre d'une thérapie personnelle, ou bien accompagnées de membres de leurs familles dans le cadre de thérapies familiales, elles lui ont paru toujours tenir un discours dont le fond ne recelait aucune spécificité autre que celle d'une histoire personnelle. Elle ne parvenait donc pas à comprendre pourquoi ou comment on avait pu singulariser un groupe, comme celui des « mères juives », et qu'un tel groupe eût pu être devenu désormais à ce point évocateur pour un public élargi. Son projet s'est trouvé du coup immédiatement défini. Elle s'est mise en tête d'enquêter sur l'origine de cette formalisation sémantique qui a pris désormais une place repérable dans notre environnement culturel.

Partageant moi-même son constat et la sachant pugnace et déterminée, comme elle l'est toujours, à aller jusqu'au bout de son enquête, je me suis immédiatement rallié à son idée. Je dois ajouter que j'ai été ravi qu'elle donne cette direction à son travail puisque moi-même – juif et fils de « mère juive » préciserai-je, pour continuer à ne négliger aucun détail –, qui ai passé près de quatre décennies à rencontrer des mères dans mon activité de pédiatre, je n'ai jamais réussi à tracer entre elles la moindre frontière d'un tel type. Au point d'ailleurs que j'avais donné à deux reprises des conférences publiques dans lesquelles je démontrais que la « mère juive » n'est qu'un mythe sans réel contenu et qu'elle n'existe pas en tant que telle. J'ai repris l'essentiel de mon argumentaire dans la partie qui m'est échue.

Là où le travail que nous avions projeté nous a semblé prendre plus d'intérêt encore que l'allure grossièrement sociologique qui s'en dessinait, c'est quand nous avons entendu s'exprimer Philippe Gutton, pédopsychiatre, psychanalyste, professeur des Universités – et non juif, lui, pour toujours ne pas négliger les détails. Il nous a soutenu, pour sa part, qu'il ne suffisait pas de remonter à la source du mythe et de démontrer l'absence de son contenu. Mais qu'il fallait impérativement s'interroger sur la raison de son éclosion, sur celle de sa large diffusion et sur la manière dont il frappait l'imagination du public. Alors que nous nous serions sans doute contentés de plaider pour l'absence de singularité de cette fameuse « mère juive », nous découvrions chez notre collègue une disposition inattendue, celle d'un limier scrupuleux décidé à mener son enquête jusqu'au bout. Ce qu'il a d'ailleurs exprimé un soir d'une manière on ne peut plus lapidaire en nous disant : « Les mères juives n'existent pas, soit, mais alors, qu'est-ce qui existe ? » Amusés à la perspective qu'il nous dessinait ainsi et confiants dans ses talents de théoricien, nous nous sommes vivement ralliés à sa proposition, retenant même sa phrase pour en faire le titre de notre ouvrage. Notre confiance et notre enthousiasme n'ont pas été déçus. En enquêteur distancié et rigoureux, Philippe Gutton ne s'est pas en effet contenté de faire usage des résultats de notre travail. Avec son érudition et sa minutie habituelle, il a entrepris de démonter ce qu'il en est de la « mère », ce qu'il en est de ce qu'il appelle la « maternalité », pour montrer que, lorsqu'elle est décrite de façon caricaturale du côté de la « mère juive », elle ne fait rien d'autre que traduire une manière dont ont usé de toute éternité les mères pour faire reconnaître leur féminité. Une féminité réduite à ce stratagème et dont

l'expression continue encore, au demeurant, d'être singulièrement bridée. Il n'a pas hésité à interroger, à cet
égard, les théories freudiennes de la sexualité infantile
pour en démontrer l'insuffisance à la lumière des travaux les plus récents. Tant et si bien que cet ouvrage, qui
avait pris prétexte de la « mère juive » pour en éclairer le
mystère, a fini par être, de diverses manières, une mise
au point – dont notre environnement culturel semble
avoir le plus grand besoin ! – sur ce qu'il en est de la
mère, de la femme, de la féminité.

Aldo Naouri

I

GÉNÉALOGIE D'UN ARCHÉTYPE

« Dieu ne pouvant être partout, il a créé les mères juives. »

Proverbe hébreu

Isaac, qui termine son stage de coopération en Afrique, appelle sa mère.

« Maman, j'arrive demain à Orly et je t'appelle pour que tu me réserves trois chambres d'hôtel.

— Mais pourquoi, mon fils ? Il y a de la place à la maison.

— Maman, je rentre avec ma femme.

— Et alors ? Mazal tov *! Tu ne voudrais tout de même pas me priver du bonheur de recevoir ma bru ?*

— Maman, ma femme est noire.

— Et alors ? Depuis quand les juifs se permettraient d'être racistes ?

— Maman, elle a cinq enfants. C'est pour ça que j'ai besoin de plusieurs chambres.

— Mais les enfants sont une bénédiction, mon fils ! Et il y a de la place à la maison. Ils iront dans les lits vides de tes frères qui sont partis ; toi et ta femme, vous dormirez dans notre lit ; et ton père sur le canapé du salon.

— Ah ? Mais toi, maman ?

— Oh moi, ne t'en fais pas, mon chéri : je raccroche et je saute par la fenêtre. »

Les parents d'aujourd'hui ne cessent pas de s'interroger sur l'attitude qu'ils devraient adopter envers leur progéniture en craignant de se perdre dans le dédale des recommandations qu'on leur adresse de toutes parts. Même si les magazines et les livres leur prodiguent des conseils qui peuvent se révéler utiles, ils en arrivent tout de même à devoir nous consulter. Leur demande n'est alors bien souvent différente qu'en apparence. Ce qu'ils expriment, c'est l'angoisse dans laquelle les plonge un rôle dont nous nous efforçons pourtant de leur faire admettre qu'il a, depuis toujours, été difficile à tenir. Ils espèrent néanmoins que les progrès accomplis par la psychologie ces cinquante dernières années leur permettront de mieux éclairer leur place à défaut de leur fournir en toutes circonstances des recettes simples et efficaces.

C'est sur ce mode que chacun de nous a été amené à rencontrer la notion de « mère juive ». Son côté flou et faussement entendu, ainsi que la difficulté à en saisir le contenu et l'ambiguïté nous ont conduits à nous demander si elle constituait un « concept » susceptible d'éclairer le personnage maternel, ou si ce n'était qu'un « fourre-tout » vague, sans véritable consistance. Nos avis n'ont pas été immédiatement unanimes. Nous ne pouvions pas nous débarrasser de l'appellation au motif qu'elle se limiterait à la pure caricature, montée en épingle par les humoristes, ou qu'elle relèverait d'une tendance à la stigmatisation, toujours un peu douteuse et dont il conviendrait de se garder. D'un autre côté, il n'était pas non plus possible de l'ériger sans plus ample examen en concept opératoire pour notre pratique. C'est pourquoi nous sommes convenus de nous répartir la tâche.

Thérapeute familiale, j'ai été formée à la démarche analytique puis à l'approche systémique. C'est dans ce contexte que la notion de « mère juive » m'est devenue familière. Dans le cadre de consultations aussi bien au Centre de thérapie familiale Monceau que j'ai créé en 1980 qu'au Centre Pluralis, j'ai rencontré toutes les organisations familiales possibles. J'ai vu des mères aimantes comme des mères rejetantes, des mères possessives, intrusives ou au contraire froides, distantes ; des pères chaleureux ou rigides, comme des pères falots ou autoritaires ; des enfants rebelles ou assujettis, introvertis ou extravertis... J'ai surtout compris à quel point les systèmes familiaux étaient capables d'évoluer si on les aidait, mais aussi à quel point tous les personnages de la famille souffraient de situations inextricables, étaient pris dans les mailles de filets qui les étouffaient et combien le poids des générations était lourd à porter.

Dans ce travail quotidien, le qualificatif de « mère juive » est apparu comme la caractéristique de bien des familles, quelle que soit leur origine culturelle et sociale, dès lors que le lien transgénérationnel mère/fils, ou mère/fille, ou bien père/fille ou père/fils devenait l'alliance la plus forte de la famille. À vrai dire, la « mère juive » a presque atteint la dimension de « concept » psychologique décrivant un certain type de facteur relationnel pathogène, à repérer et à résoudre, ensemble. Je dis bien *presque*.

À travers cet archétype de la « mère juive », et même si c'est souvent avec la chaleur du rire, deux choses se trouvent évidemment stigmatisées : la femme, et donc la mère ; et puis la judéité. Il existe des recueils de plaisanteries sur les mères juives ; dans certains films, on attend avec délectation les irrésistibles rodomontades de cette *mamma* envahissante qui vient semer la panique dans la vie du héros, lequel, tant bien que mal, cherche à mener sa barque... Si ce n'étaient les auteurs, humoristes, scénaristes juifs qui mettaient eux-mêmes en scène ce sympathique jeu de massacre familial, le thème fleurerait facilement l'antisémitisme – nous y reviendrons.

Malgré tout, la « mère juive » occupe une certaine place dans la représentation populaire de la culture juive – chez les non-juifs, comme souvent chez les juifs eux-mêmes –, si bien que la « mère juive » semble être une personnalité scellée au cœur même de cette culture. *Grosso modo*, être juif signifierait entretenir un certain type de relations avec ses parents, et notamment avec sa mère...

On ne peut dès lors manquer d'évaluer la pertinence de cette figure pour voir si, oui ou non, les mères juives sont irrésistiblement conduites à devenir des « mères juives » – comme si elles avaient pour cela un penchant « atavique » – et pour tenter aussi bien sûr de comprendre pourquoi tant de mères non juives se comportent comme cette figure. Pour ce faire, il faudra aller voir du côté de l'histoire des rapports entre culture juive et maternité, et enfin regarder de plus près qui sont ces femmes juives qui sont devenues l'objet de dérision ou d'invectives plus ou moins sympathiques.

Pour autant, on n'aura pas réglé le problème. Car, qu'il recouvre ou non une « vérité », le cliché existe. Et, comme tout cliché, même d'apparence anodine, celui-ci doit avoir une histoire précise. Il ne s'agit donc pas tant de déterminer si les mères juives sont bel et bien ou non des « mères juives » ; la question est de savoir ce qui a poussé à la création, à la fixation, puis au ressassement infini de cette figure. Cet archétype doit bien avoir ses causes, sa raison d'être, et même sa finalité. Le rire qu'il convoque doit bien être la trace d'un problème. En fin de compte, le cliché doit être, comme tout cliché, un opérateur. Il doit renfermer un mécanisme propre, qui permet à ses créateurs, enchâssés dans une situation donnée, d'élaborer pour eux-mêmes leur histoire, leur identité. C'est pourquoi il faut rechercher les (bonnes ou mauvaises) raisons pour lesquelles il existe.

Vu la densité de sens, de contresens, d'opinions, de préjugés, étant donné la mosaïque que recouvre cette notion, une enquête de défrichage préalable s'est imposée. Il a fallu se résoudre à se lancer sur la piste de la « mère juive », et ce chemin, on va le voir, a été semé d'embûches, d'ornières, de bifurcations ; il a fallu de temps en temps prendre des voies de traverse, opérer des détours. Il a fallu accumuler pièce par pièce les documents, décortiquer pour mieux recueillir les fondements de cet étrange et tonitruant personnage.

Première approche

Lors de nos premières confrontations sur ce thème, Aldo Naouri a proposé de jeter quelques termes, à l'état brut : « Dévouée. Ingénieuse. Aimante. Prête au sacrifice. Fortement impliquée dans son rôle. La "tripe à l'air". Débrouillarde. Héroïque. Intraitable. Hantée par le sens du sacrifice. Possessive. Se mêlant de tout. Toujours préoccupée de bien nourrir. Sorcière. Gratifiée d'un don divinatoire. Angoissée. Exigeante. Infatigable. Voulant toujours avoir le dernier mot. Préoccupée seulement de ses enfants. Faisant passer ses enfants avant toute chose. Plus mère que femme ou épouse. »

Il serait illusoire de répertorier tous les comportements associés à ce qualificatif. On pourrait, ou peu s'en faut, associer à cette liste tous les synonymes du dictionnaire français et les décliner dans toutes les langues. En vérité, l'expression « mère juive » paraît rigoureusement équivaloir au qualificatif « trop ». La « mère juive » exagère, elle en fait trop, en tout, tout le temps : trop présente, trop concernée, trop intrusive, trop possessive vis-à-vis de sa progéniture.

Une relation d'attention envers un autre que l'on protège de façon disproportionnée, voire déplacée, une sollicitude dépassant toutes les bornes, tout cela peut mener à mériter l'appellation de « mère juive ». Que l'on soit mère ou pas, juif ou pas, et même femme ou pas, d'ailleurs, elle peut s'appliquer à toute personne (père, frère, sœur, ami) ayant une attitude trop anxieuse, trop envahissante vis-à-vis d'une autre. Nos patients nous ont ainsi donné de nombreux exemples de « mères juives »… qui souvent n'étaient pas juives du tout.

> *Ainsi, Jeanne, animatrice dans une station de radio, me racontait qu'elle ne savait pas comment « gérer » sa mère. Elle l'appelait pendant ses heures d'émission, se faisant passer parfois pour une auditrice. Jeanne recevait régulièrement par le service intérieur de messagerie des cageots de légumes adressés par sa maman : « Au cas où on ne trouverait pas de légumes frais sur Paris… »*
> *« Appelle dès que tu arrives », disait, quant à elle, la mère de Jean-René. Or le trajet en question était de cinq cents mètres et Jean-René avait 45 ans. « Voici un petit casse-croûte pour la route » : la route, en l'occurrence, se réduisait à dix stations de RER.*

De nombreuses mères non juives se qualifient elles-mêmes de « mères juives », tant leur attitude trop étouffante leur vaut des reproches de la part des autres membres de la famille.

> *Roberto a 58 ans et sa mère 85 : on la surnomme « la Nonna ». Elle continue d'appeler le soir chez les amis de son fils. « Avez-vous vu mon fils ? » demande-t-elle partout. Parfois, elle appelle des relations que Roberto n'a*

*pas revues depuis des mois, simplement parce que le télé-
phone portable de Roberto était éteint... Lorsqu'il se lance
dans un énième régime, sa mère l'aide en le surveillant,
en lui apportant des tonnes de plats cuisinés (par elle-
même), pour être sûre qu'il n'y ait que des bonnes choses
à l'intérieur.*

Il m'est impossible de distribuer ici la palme de la
« mère juive » tant les exemples abondent. Pourtant,
deux d'entre eux semblent pouvoir la décrocher *ex
aequo.*

*Julien est un homme élégant et il est ingénieur informati-
cien. Il vient me voir alors qu'il est au bord du divorce.
Son épouse Alice ne veut plus voir sa mère et Julien se
sent pris entre les deux femmes. Elles qui s'entendaient si
bien au début... Alice disait même qu'elle était plus proche de sa belle-mère que de sa mère.*

*Julien a tellement peur qu'il arrive quelque chose à sa
mère et elle qu'il lui arrive quelque chose qu'il ne peut
s'empêcher de lui parler plusieurs fois par jour au téléphone. Sa femme lui reproche cette disponibilité. Même
lors de sa nuit de noces, en pleine action, il n'a pu
s'empêcher de répondre à sa mère au téléphone !*

*Alice, trouvant sa belle-mère trop intrusive, le lui a fait
remarquer et le ton est monté. Depuis, les deux femmes
ne se parlent plus, et Julien téléphone le plus souvent en
cachette à sa mère pour éviter les reproches de sa femme.
De même, il invente des réunions pour voir sa mère car
Alice lui fait des scènes dès qu'il évoque le fait d'aller
dîner avec elle.*

Cette histoire rappelle une scène de *La Vérité si je mens*, le film de Thomas Gilou. Un soir, alors que le personnage interprété par Élie Kakou est au lit avec son amie, on sonne à la porte. La jeune femme le regarde, inquiète, et lui demande : « C'est ta mère ? » Il répond : « Non, ma mère a les clefs. »

La seconde anecdote m'a été rapportée par une patiente.

> *En train de passer ses épreuves orales du baccalauréat, tout à coup, elle a aperçu à travers les vitres de la salle d'examen quelqu'un qui tentait de regarder les élèves. Elle a alors reconnu sa mère qui, trop petite, faisait des sauts en hauteur pour accéder à la vitre. Elle voulait surveiller les épreuves et s'assurer que sa fille ne manquait de rien. Elle s'était introduite dans le lycée en cachette et avait trouvé la salle d'examen de sa fille... laquelle rata ses épreuves.*

Cependant, il arrive fréquemment que, comme par un hasard troublant, le qualificatif de « mère juive » s'attache à... des mères bel et bien juives. Lesquelles semblent former une sorte de typologie : c'est, comme le dit Renée David, « la mère abusive, maternelle au point d'en être envahissante ! Celle qui étouffe son grand fils sous de petites laines. Celle qui au nom de Dieu se montre prolifique, se réjouit de mettre au monde des fils et accepte en silence les filles que lui envoie ce même Dieu[1] ». Car là où la « mère juive » transparaît le plus, c'est dans le lien

---

1. Renée David, *Les Femmes juives*, Perrin, 1988, p. 95.

qu'elle entretient avec son fils, porteur de ses espoirs, de son ambition. La « mère juive » semble se marier pour avoir des enfants ; elle est mère avant tout et non pas épouse, et c'est sur son fils qu'elle projette tous ses espoirs ; lorsque ceux-ci sont déçus, perturbés, quand ses beaux projets sont bousculés, sa réaction prend un tour catastrophique. Peut-être même suffit-il que naisse chez elle l'angoisse de voir ses espoirs déçus pour qu'elle se transforme en véritable machine à culpabiliser.

C'est de cette mère-là dont l'auteur américain Dan Greenburg a fait la critique acerbe et cocasse dans son best-seller paru en 1967, *Comment devenir une mère juive en dix leçons* – adapté sous forme de pièce de théâtre, laquelle se joue encore à Paris. Nous lui devons d'ailleurs peut-être la large diffusion de la prétendue notion de « mère de juive ». Voici, selon lui, les commandements, les sept « sacrifices de base » :

> « 1. *Restez debout toute la nuit pour lui préparer un bon petit déjeuner.*
> 2. *Enlevez-vous le bifteck de la bouche pour lui donner du gâteau.*
> 3. *Acceptez une invitation chez des amis pour qu'il puisse amener une fille à la maison.*
> 4. *Acceptez la fille avec laquelle il sort.*
> 5. *Ne lui dites pas que vous vous êtes évanouie de fatigue deux fois en faisant les courses. (Mais veillez à ce qu'il apprenne que vous n'avez pas voulu qu'il le sache.)*
> 6. *Quand il revient de chez le dentiste, prenez pour vous sa douleur.*

7. Ouvrez toute grande la fenêtre de sa chambre pour qu'il ait du bon air frais et fermez la vôtre pour éviter le gaspillage. »

De même, cette mère qui se prépare à se jeter par la fenêtre en guise d'invitation adressée à sa nouvelle bru a fait évidemment le tour d'Europe. Elle a donné lieu à une pièce de théâtre : *Je raccroche et je meurs* de Maddy Gabay, créée en 2000 et qui a pour sujet le mariage d'un garçon juif et d'une femme antillaise. On raconte très souvent cette plaisanterie, mais peut-être ai-je un plaisir particulier à la rappeler car j'ai vécu dans mon entourage proche une histoire similaire.

Franck, un de mes amis d'enfance, était promu à un brillant avenir. Malgré des études secondaires un peu chaotiques, il se rattrapa à l'université, partit pour les États-Unis faire un MBA à Harvard et resta éloigné de ses parents qui vivaient à Paris.

Sa mère se lamentait auprès de ses amies, car il atteignait la trentaine, multipliait les aventures féminines, mais ne semblait pas près de se marier.

Un jour, il appela ses parents pour leur annoncer qu'il était amoureux d'une jeune femme qui vivait en Norvège. Il faisait de nombreux allers-retours dans ce pays et le moment venu, il annonça à sa famille ses fiançailles.

Ses parents partirent pour la Norvège, rencontrèrent la famille de la promise, s'adaptèrent avec beaucoup de joie aux traditions et aux coutumes locales, tout en soupirant du fait que cette jeune fiancée ne parlait pas le français et surtout qu'elle n'était qu'à moitié juive.

Quelques mois après, Franck rompit ses fiançailles. Ses parents furent à la fois déçus et soulagés.

Les lamentations de sa mère reprirent. Elle cherchait évidemment à présenter à Franck de nombreuses jeunes filles issues du même milieu que le sien, mais Franck voyageait beaucoup et collectionnait toujours les aventures.

Quelques années après, il appela ses parents pour les inviter à passer des vacances à New York. Son père étant fatigué, sa mère accepta de faire seule le voyage et se rendit là-bas.

Franck partit la chercher à l'aéroport et à la descente de l'avion, il annonça à sa mère qu'il s'était marié.

Elle réagit avec beaucoup de dignité et d'émotion à cette nouvelle, soupirant intérieurement. Elle avait tellement souhaité que son fils se marie, elle avait pendant de nombreuses années rêvé de le conduire à l'autel de la synagogue... mais c'était ainsi.

Sur le trajet qui menait de l'aéroport à Manhattan, la mère de Franck resta silencieuse, après ce mariage auquel elle n'avait pas assisté. Franck la rassura, lui disant que c'était simplement une formalité.

Mais arrivé au pied de l'immeuble où il habitait, il attendit quelques secondes et dit à sa mère qu'il avait un fils de deux ans.

Elle réagit par un malaise, monta à l'appartement, fit la connaissance de sa bru et de son petit-fils et resta couchée les volets fermés pendant un mois.

Lorsque j'ai raconté à des amis que j'écrivais ce livre, je les ai souvent entendus me répondre : « Si tu veux des exemples, je peux t'en donner... Ma mère est la championne du monde des mères juives. » Pourtant, les mêmes, lorsque je leur demandais s'ils avaient idée de l'origine de l'expression, avouaient n'en savoir pas plus que moi, même si beaucoup d'entre eux sont d'incontestables « puits de science ».

Une création littéraire ?

Au bout d'un moment, les exemples, les anecdotes ne m'ont plus suffi. Il fallait comprendre comment s'était mis en place cet archétype et, pour cela, s'atteler à des recherches plus élaborées. À cet égard, j'ai eu de la chance. J'ai d'abord sollicité Marika Moisseff, qui est psychiatre et ethnologue, afin de savoir si elle avait connaissance d'études scientifiques en la matière. Marika ne semblait pas connaître de travaux en France, mais elle a envoyé un certain nombre d'e-mails à travers le monde afin de me permettre de rassembler une bibliographie. C'est ainsi que j'ai découvert quelques ouvrages qui témoignaient de la représentation de la femme juive et une douzaine de thèses soutenues à l'Université de New York rapportées par Bambi Schieffelin. Ces travaux sont venus compléter les quelques ouvrages plus généraux qui existent dans notre langue.

En réalité, une première surprise m'attendait : la notion, l'archétype que nous connaissons aujourd'hui, malgré son allure de figure « éternelle », est d'origine somme toute très récente. Il semblerait qu'il ait éclos aux États-Unis, après la Seconde Guerre mondiale.

Un certain nombre d'écrivains, que l'on regroupe sous l'appellation d'« école juive de New York », sont à l'origine de l'émergence de ce que l'on a appelé la littérature juive américaine. Et, bien évidemment, ils ont beaucoup parlé de la famille juive traditionnelle sans chercher spécialement à stigmatiser les mères. Toutefois, parmi eux, le plus connu est sans doute Philip Roth, auteur de nombreux romans dont les personnages sont des juifs américains et où il s'invente de nombreux doubles[2]. En 1969, il a publié *Portnoy et son complexe*, qui a été un succès mondial et a fait scandale dans la communauté juive américaine. En voici un extrait, où le héros parle de sa mère :

> « *L'être le plus inoubliable que j'ai jamais rencontré [...].*
> *Elle était si profondément ancrée dans ma conscience*
> *que, durant ma première année d'école, je crois bien*
> *m'être imaginé que chacun de mes professeurs était ma*
> *mère déguisée. Lorsque la dernière sonnerie de cloche*
> *avait retenti, je galopais vers la maison et tout en courant*
> *me demandais si je réussirais à atteindre l'appartement*
> *avant qu'elle ait eu le temps de se retransformer en elle-*

---

2. Précisons toutefois que Philip Roth déclare aujourd'hui haut et fort qu'il est un écrivain américain tout court et non pas un écrivain juif américain : « J'écris en anglais, je pense en anglais, je parle anglais, et ce depuis toujours. Je n'écris pas en yiddish ou en hébreu, j'écris en anglais américain ; donc je suis un écrivain américain » (*Le Monde*, 11 septembre 2004).

même. Invariablement, à mon arrivée, elle était déjà dans la cuisine en train de préparer mon lait avec des gâteaux secs. Au lieu de m'inciter à renoncer à mes illusions, cette prouesse accroissait simplement mon respect pour ses pouvoirs. »

La mère juive du narrateur est une mère omnipotente, omniprésente : un être-monde qui, aux yeux de son fils, semble vouloir l'avaler et le soustraire au monde extérieur.

C'est à cette même période que Dan Greenburg écrivit son *Comment devenir une mère juive en dix leçons*. L'archétype se serait mis en place en raison de la simultanéité de parution de ces deux ouvrages, et Dan Greenburg et Philip Roth auraient, en quelque sorte et sans le vouloir, stigmatisé ce personnage de « mère juive » dans un contexte culturel qui sans doute s'y prêtait.

Un auteur, de la même génération que Roth, partageant avec lui la même histoire et new-yorkais comme lui, popularisera davantage encore cette figure, avec des moyens différents et sur un versant comique : il s'agit de Woody Allen. Une des scènes les plus captivantes de ce point de vue dans son cinéma se situe dans le sketch qu'il a réalisé en 1989 pour le film *New York Stories*, auquel ont aussi participé Martin Scorsese et Francis Ford Coppola. Lors d'un spectacle de magie, le personnage joué par Allen parvient à faire disparaître sa mère, laquelle le poursuivra malgré tout dans le ciel et sera toujours là au-dessus de lui.

On a aussi vu le réalisateur, dans l'émission *Bouillon de culture*, se livrer à une plaisanterie sur le même thème. À Bernard Pivot lui demandant quel était son juron favori, Woody Allen répondit : « Je ne peux pas vous le dire. – Pourquoi ? – Parce que ma mère regarde peut-être votre émission. » Et il est vrai que, lorsqu'il nous est donné de rencontrer les parents du cinéaste américain, dans le film *Wild Man Blues* qui lui fut consacré en 1997, ceux-ci ne nous déçoivent pas : les géniteurs en question ne se privent pas de témoigner de leur insatisfaction à son égard – il fait du cinéma, alors qu'il aurait pu être pharmacien... Bref, il n'a pas réussi.

Nous connaissons de nombreux cinéastes qui, à l'instar d'Allen, ont utilisé l'humour juif en toile de fond. Les premiers en date sont sans doute les Marx Brothers[3]. Ils étaient au nombre de cinq : Leonard dit Chico, Arthur dit Harpo, Julius dit Groucho, Milton dit Grummo, Herbert dit Zeppo. Tous se voueront à la comédie, mais ils ne deviendront célèbres que grâce à la ténacité de leur mère qui eut l'idée de les réunir sur scène. Leur premier grand succès, *I'll Say She Is*, eut lieu à Broadway en 1924. Pour la première de cette comédie où quatre de ses fils tenaient l'affiche, Mme Marx essaya une nouvelle robe, glissa de la chaise sur laquelle elle était montée et se cassa une jambe. Voici ce que Groucho en raconte

---

3. Sylvie Angel, *Frères et Sœurs*, Robert Laffont, 1996.

dans ses mémoires, par ailleurs émaillés de nombreuses anecdotes sur ses frères et leur mère :

> « Je crois qu'un tel désastre aurait découragé beaucoup de femmes de se rendre au théâtre, mais pas ma mère. À la limite, la soirée de la première n'en serait que plus excitante. Je doute que quiconque ait jamais fait une entrée plus triomphale dans une salle de théâtre. Adressant de petits saluts de la main aux spectateurs, souriante, elle descendit l'allée centrale sur une civière et se fit installer au premier rang. Ce fut sa première victoire personnelle. Ce fut l'aboutissement de vingt ans d'intrigues, de privations, de flagorneries et de lutte[4]. »

Le cinéaste Mel Brooks évoque lui aussi sa mère avec tendresse : c'était une petite femme, née à Kiev, qui ne parlait aucune langue connue, mais avait un accent irlandais. Après la mort de son mari, elle s'acharna à nourrir ses quatre fils. Mel Brooks se souvient :

> « Après la mort de mon père, j'avais vingt-deux mères [...]. Elles étaient toutes attentives : "Attention, je vais le dire à ta mère, ne va pas sur la route [...]. Tu as faim, voici un gâteau." Ma mère habitait au cinquième étage. Il y avait cinq appartements à cet étage. Elle frappait à chaque porte : "Je vais chez l'épicier, avez-vous besoin de quelque chose ?" Le lendemain, c'était quelqu'un d'autre qui frappait à notre porte [...] C'était des gens remarquables[5]. »

---

4. Groucho Marx, *Mémoires*, L'Atalante, 1959.
5. Extrait d'une interview dans le *Telegraph Magazine*, 22 mars 2004.

Marjorie Morningstar, écrit par Herman Wouk, devint le best-seller de l'année 1957. Ce roman fut adapté au cinéma par Irving Rapper, en 1958, avec une distribution éblouissante : Gene Kelly, Nathalie Wood, Claire Trevor. Le livre relate l'histoire d'une famille juive, sa vie, son rapide succès économique, puis son déclin, la perte d'un fils durant la Seconde Guerre mondiale et enfin la rébellion de leur fille, en lutte contre les valeurs de ses parents.

Riv-Ellen Prell, dans son historique des émissions de télévision, analyse le show hebdomadaire d'Ed Sullivan, *Toast of the Town*[6]. Le comique juif Jack Carter y faisait régulièrement des apparitions, pour se plaindre d'être célibataire. Il expliquait cette situation par deux mots : « Ma mère. » Voici comment il décrit la réaction de celle-ci face aux femmes qui l'intéressent : « Elle ne pense pas qu'il existe dans ce monde une femme assez bien pour son *golden son* ("fils en or"). Si je lui dis : "J'ai rencontré une femme : elle sait cuisiner, coudre, laver la vaisselle", ma mère répond : "Je la prends les mardis et les jeudis." » Une plaisanterie favorite de Carter concernait la nourriture, que cette mère offrait en surabondance, tout en critiquant allégrement son fils, tandis que le père demeurait silencieux. Si Carter ne manque pas de rendre hommage à ses aînés Myron Cohen et Alan

---

6. Riv-Ellen Prell, *Fighting to Become American*, Beacon Press, 1999.

King, il s'est abstenu, contrairement aux humoristes plus âgés, de construire son humour sur l'utilisation d'un accent yiddish, lequel renforçait le côté « immigrant » des artistes juifs.

Nous n'en finirions pas d'égrener les noms de tous les humoristes et auteurs juifs qui, à l'époque, présentent des personnages tenant de la même veine. Mais Dan Greenburg semble avoir lancé la veine. Il faudrait citer l'intégralité de son livre, véritable entreprise d'analyse du personnage et de construction du mythe. La quatrième de couverture de la version française donne un aperçu :

> « Pour mériter le beau titre de mère juive, il n'est nullement nécessaire d'être mère ni même d'être juive. L'essentiel est de bien maîtriser quelques techniques de base qui feront de votre fils ou de votre fille un être totalement dépendant, accablé de reconnaissance pour l'amour que vous lui portez et les sacrifices que vous avez consentis pour son éducation, bref un homme ou une femme idolâtrant sa mère (ou son père, selon le cas) à l'exclusion de toute personne étrangère. »

L'ouvrage a été adapté pour le théâtre par Paul Fuks. Depuis vingt ans, son succès est considérable. L'histoire ? Daniel, le fils chéri, tente de soutenir sa thèse devant d'illustres professeurs, quand il aperçoit au fond de la salle celle qui, depuis qu'il a vu le jour, n'arrête pas de lui compliquer la vie : maman. C'en est trop. Il change de cap et décide d'expliquer, en dix leçons, ce qu'est vraiment une mère juive. Le trait peut paraître forcé. Et pourtant...

> *Un de mes patients, brillant avocat pénaliste, m'a raconté qu'au cours d'une de ses premières plaidoiries il avait aperçu au fond de la salle ses parents, venus l'écouter. C'est d'ailleurs devenu une habitude. Ses parents, juifs d'Europe de l'Est, enfin à la retraite, prirent l'habitude d'aller passer leurs journées au palais de justice pour écouter leur fils unique défendre les innocents.*

Au moins étaient-ils respectueux du travail de leur fils, à l'inverse de ce que raconte le personnage de Greenburg.

L'écho de son livre fut réellement retentissant aux États-Unis. Ainsi, après que l'auteur y fut invité, le *David Susskind Show*, un talk-show populaire réunissant politiques ou écrivains, réserva une partie du programme aux caricatures de la « mère juive ». Pour Susskind, la « mère juive » est « une experte pour insuffler la culpabilité et une spécialiste en manipulation ». Culpabilisante, manipulatrice, mais aussi ridicule. Son manque de culture, sa certitude sur tout point de vue, sans qu'à aucun moment intervienne une once de remise en question, la rendent insupportable. L'humoriste Myron Cohen rapporte l'anecdote suivante : la mère reçoit d'un ami du champagne et du caviar. Le fils lui demande ce qu'elle en pense ; la mère répond : « Le soda était bon, mais les harengs trop salés. »

Immigration, transmission, émancipation

Voilà pour la figure de la « mère juive » telle qu'elle semble s'être culturellement affirmée dans les États-Unis des années 1960. Et très vite, grâce à force livres, films, mais aussi programmes de radio et de télévision, elle s'est diffusée partout, suscitant un nombre incalculable de plaisanteries. Toutefois, en repérant l'émergence populaire du stéréotype, nous n'avons fait que le début du chemin. Pourquoi, en effet, des *juifs* ont-ils été à la fois les auteurs et les protagonistes centraux de cette vague de clichés ? Et pourquoi *à ce moment-là* ? À *cet endroit-là* ?

Première piste, la tradition et l'histoire juives. Que l'archétype se soit fixé de manière si puissante et en fin de compte si rapide, qu'il apparaisse à tous si « naturel », et en premier lieu aux juifs eux-mêmes, doit en effet nous mettre la puce à l'oreille. Certains éléments nous conduisent à voir dans la culture juive, en particulier la culture talmudique ancestrale, des éléments fondamentaux marquant les rôles de la mère juive. C'est donc par là qu'il faut commencer.

L'idée centrale qui structure toute la société, voire la « civilisation » judaïque, c'est la *transmission*. « Ne pas avoir d'enfants blesse l'image de Dieu » ; « Chaque enfant apporte sa propre bénédiction dans le monde » ; « Celui qui enseigne à son fils à être vertueux est comme un immortel » : tels sont les adages ancestraux qui « fabriquent » les juifs comme parents – c'est-à-dire des enfants qui, à leur tour, doivent engendrer des enfants. Renée David rappelle en outre que « dans l'hébreu du rituel et de la liturgie, *enfant* se dit *fils* ». Chaque homme, chaque femme a une mission centrale : donner de « nouveaux fils ».

La tradition détermine, en outre, un point crucial. Dans une société fortement patriarcale et qui l'est restée, les femmes se sont vues, néanmoins, dotées d'un privilège exclusif. Ce sont elles, en effet, par lesquelles s'accomplit la transmission de l'identité juive. Les hommes transmettent tous les héritages, toutes les valeurs – à l'exception de celle-ci. On est juif de naissance par le fait d'avoir été engendré par une mère juive, condition nécessaire et suffisante pour faire partie de la communauté. Renée David note ainsi que, dans la tradition talmudique, la femme est « avant tout la femme du fils » : autrement dit, la femme juive, et donc la fille, ne se réalise pleinement que par le don qu'elle fait à ses beaux-parents – à qui elle est « donnée » par l'intermédiaire de son mariage –, non pas seulement de petits-enfants, mais plus précisément de petits-fils, lesquels sont comme les trésors de la communauté. La responsabilité est immense...

En théorie, selon la loi juive, l'éducation et la préservation des enfants sont des tâches partagées entre père et mère. En pratique cependant, la situation s'est révélée quelque peu différente. Tous, femmes comme hommes, reçoivent un enseignement qui leur permet d'observer les lois et les règles du judaïsme. Les femmes, cependant, ont droit – ou du moins ont eu droit pendant longtemps – à un programme d'études religieuses spécifique. Leurs écoles étaient différentes de celles des hommes. Il ne leur était pas permis d'étudier la Torah, et il était prévu qu'elles ne participent au culte que de façon périphérique : elles ne peuvent pas diriger des services religieux, ne comptent pas pour le quorum, qui permet de dire les prières et en particulier le *Kaddish*, la sanctification du nom divin, prononcé plusieurs fois pendant l'office ainsi que par les endeuillés pour honorer la mémoire de leurs morts.

Résultat : l'étude pour les hommes est tellement importante que l'on s'aperçoit « tout au long de l'histoire que les femmes juives sont sorties de chez elles pour pourvoir aux besoins de leur maisonnée, lorsque cela s'avérait nécessaire pour que leurs hommes puissent étudier[7] ».

Ce partage des rôles a été rendu possible par la tradition, et l'Histoire l'a rendu effectif. Dans une situation de diaspora, où le mot d'ordre de l'assimilation sociale se double du nécessaire maintien de la transmission de la judéité, les rôles et les responsabilités sont séparés : l'homme portera le souci de l'étude, de la loi ; la femme,

---

7. Renée David, *op. cit.*

quant à elle, portera le souci non seulement de son foyer – de ses enfants, et en particulier de ses fils –, mais encore de la communauté elle-même. Aux hommes de préserver ce qui est transmis, cette culture qui leur échoit en propre ; aux femmes d'assurer les conditions de la transmission elle-même, de faire naître et de protéger les fils du peuple juif ; quant aux filles, il s'agit d'en faire, à leur tour, d'autres mères. Dans les épreuves se dessinera déjà cette « mère juive », figure devenue peu à peu centrale d'une transmission toujours contestée, toujours en péril, et que Renée David, ainsi, voit naître :

> « *Sans doute parce qu'il s'est trouvé tant de fois en danger d'être décimé, le peuple juif a soigneusement entretenu le souci de sa fécondité déjà présent dans le texte biblique même. Il s'agit de maintenir en vie un peuple dépourvu de territoire. Surprotéger son enfant est devenu un réflexe puis la préoccupation principale des femmes juives. La génération suivante vaut plus que la génération passée, apprend Glückel Hameln, juive de la Hanse du XVIIe siècle, à ses propres enfants. De là serait sans doute né le mythe de la "mère juive", protectrice au point d'en devenir envahissante*[8]. »

Le sens malheureux que prendra l'Histoire n'inversera évidemment pas les tendances. Entre pogroms, exclusions, expulsions, confiscation de la culture, la communauté sera sans cesse à reconstruire. Au cœur de

---

8. *Ibid.*

cette tourmente se trouveront les communautés juives d'Europe centrale – correspondant à ce qu'on appelle les ashkénazes. Ici, les fils ne seront plus seulement le trésor ; ils seront l'unique patrimoine – lequel se situe dans le futur, puisque le passé et le présent, inexorablement, perdent matériellement pied dans les épreuves. « La génération suivante vaut plus que la génération passée... » Le nazisme et la Shoah, l'extermination de six millions de juifs, incarneront l'aboutissement dramatique de cette ligne de fuite, que les femmes et les mères, au premier chef, portent en elle, comme en témoigne de façon aiguë Simone Veil :

> « *Toutes les mères juives ont eu l'anxiété de se dire qu'un jour leur enfant rentrerait de l'école et dirait : "On m'a traité de sale juif..." C'est quelque chose dont nous avons tellement souffert, qui est tellement au fond de nous-mêmes, que tout ce qui peut le rappeler, nous le subissons. Les gens disent : ils sont susceptibles, c'est affreux. Ils voient des choses là où il n'y en a pas. Aussi longtemps qu'il n'y avait pas eu le nazisme, cette cristallisation et ce drame, on pouvait supporter cette chose. Maintenant, nous sommes à fleur de peau sur ces questions*[9]. »

Or ces juifs américains de la côte Est que nous avons rencontrés plus haut ne sont autres que les héritiers de cette histoire. Dès la fin du XIXe et au début du XXe siècle, une vague très importante de juifs d'Europe

---

9. *Ibid.*

de l'Est ont immigré aux États-Unis ; on compte plus de deux millions d'immigrants, poussés hors d'Europe par la montée de l'antisémitisme. L'irruption du nazisme a, par la suite, convaincu de nombreuses familles de venir, à leur tour, s'établir dans cette nouvelle Terre promise, à la recherche d'un avenir qui, de l'autre côté de l'Atlantique, leur était interdit. Pour ces nouveaux Américains, les humiliations, les pogroms, la mort font partie de la mémoire collective. Les souffrances vécues en direct par les grands-parents ou les parents de ces écrivains ont été transmises par la mémoire familiale. Comment désormais préserver cette mémoire ? Car le monde de leurs parents, celui qu'ils portent, quoi qu'ils veuillent, n'est plus le même. Les premières à en prendre parfaitement conscience seront, peut-être, les filles, jusqu'alors restées dans l'ombre de leur devoir ontologique de mère.

Le mouvement d'émancipation des femmes s'est développé dans le monde occidental au cours de la seconde moitié du XXe siècle. Il n'a pas épargné les femmes juives, de plus en plus éduquées, actives et autonomes. Elles se sont en particulier rebellées contre le rôle secondaire qui leur était alloué par la religion. Aux États-Unis, les femmes juives se sont beaucoup manifestées dans la mesure où leur implication communautaire était déjà très forte. « Selon leur degré d'adhésion à leur prise de conscience féministe, aux divers courants qui partagent la communauté juive améri-

caine, les femmes ont mis davantage l'accent sur l'inté-
gration de leur judéité dans le féminisme ou de leur
féminisme dans leur judéité[10]. » Dans les années 1970,
ce ne seront pas moins d'une soixantaine de revues
féministes juives qui seront mises en circulation[11]. Le
mouvement touche la structure de la communauté juive
elle-même ; il a conduit les femmes juives jusqu'à l'ordi-
nation : on a vu ainsi des femmes rabbins célébrer le
culte. Ce mouvement libéral s'est répandu en Europe, et
en France des femmes rabbins officient. Dans les faits,
on est loin de la représentation caricaturale de la mère
juive.

Le statut des pères a, lui aussi, considérablement
changé. Au fur et à mesure que les femmes s'émanci-
pent, on assiste au déclin de l'autorité paternelle.
L'implication accrue des femmes dans la vie communautaire, que montrent de nombreux travaux de sociologie,
a transformé certaines valeurs fondamentales du
judaïsme ; ce sont désormais elles qui prennent en main
l'éducation des enfants et s'attachent à définir les nouvelles orientations de la communauté. Leur énergie se
concentre sur la création d'écoles plus que de synago-
gues. De cette manière, elles semblent entériner la baisse
des pratiques religieuses ; le père, traditionnel gardien
de ces pratiques, voit son statut en souffrir. Bref, un

---

10. Riv-Ellen Prell, *op. cit.*
11. *Ibid.*

matriarcat tend à succéder au patriarcat traditionnel, et la société juive a bien du mal à négocier ce virage.

Restent les fils... Traditionnels légataires d'une culture et d'une histoire qui, toujours, a voulu composer avec l'assimilation, ils vont se faire chroniqueurs de leur histoire. Plus encore : de leurs récits familiaux, ils feront des aventures et de la littérature proprement américaines. Ainsi apparaîtront Isaac Bashevis Singer (prix Nobel de littérature 1978), Saul Bellow (prix Nobel de littérature 1976), Chaïm Potok ou encore Bernard Malamud, pour former avec Philip Roth cette « école juive de New York » qui a créé une nouvelle littérature américaine.

Le premier auteur marquant de ce courant est Isaac Bashevis Singer (1904-1991). Né près de Varsovie, d'un père rabbin et d'une mère issue elle aussi d'une famille de rabbins, il est venu aux États-Unis peu avant la Seconde Guerre mondiale. Il s'attachera à peindre des sagas familiales du XIXᵉ siècle jusqu'à la guerre, dans leur évolution sociale, financière et humaine. Il publiera son premier livre, *The Family Moskat*, en 1950 ; il décrira son enfance dans un de ses livres les plus enjoués, *In my Father Court*, publié en yiddish en 1966, traduit en anglais en 1967. D'autres ouvrages tel *Ombres sur l'Hudson* traitent de la thématique de la famille juive.

Plus retentissante encore, sans doute, sera l'œuvre de Saul Bellow (1915-). Elle décrit les ambivalences des immigrants partagés entre la tradition et la fascination,

et les tentations suscitées par une Amérique matérialiste ; il dépeint l'homme dans son absurdité, mais aussi
dans sa grandeur, ce qui a incité à le comparer à Kafka.
Bellow est né en 1915 au Québec ; ses parents avaient
immigré de Russie. Par la suite, la famille s'installe à
Chicago, où Saul étudie l'anthropologie et la sociologie.
Les Aventures d'Augie March, publiées aux États-Unis en
1953, le firent connaître du grand public. Bellow y met
en scène Augie, un jeune héros juif américain à la fois
naïf et pragmatique. Quittant le foyer dominé par Mémé
Lausch, une vieille juive immigrée d'Odessa, Augie par-
court le monde pour gagner sa vie, accompagné de son
frère Simon. Son long voyage, ponctué de toutes sortes
d'aventures, se révèle être une recherche de ses propres
valeurs. Philip Roth raconte qu'il ne pourra jamais
oublier la lecture de cet ouvrage, affirmant qu'il s'agit là
du « grand roman américain de la seconde partie du
XXe siècle ».

Chaïm Potok (1929-2002), quant à lui, est né à
New York, dans le Bronx. Fils aîné d'immigrants de
Pologne, il devient rabbin. Ses romans, largement auto-
biographiques, décrivent et analysent la culture des juifs
orthodoxes qu'il connaît si bien, ainsi que les tensions
entre les valeurs de ce judaïsme et la culture de la
société moderne. On a en mémoire son merveilleux livre,
L'Élu, qui eut un très grand succès et fut adapté au
cinéma en 1981 et réalisé par Jeremy Paul Kagan. Il
relate l'amitié et la rivalité entre deux adolescents et

leurs relations à leurs pères, rabbins d'obédience différente – l'un libéral, l'autre orthodoxe – qui, chacun à sa manière, les éduquent selon la tradition juive. Deux pères certes religieux, mais aux styles et aux approches pédagogiques opposés, dans un univers où les femmes restent en périphérie. *La Promesse*, le roman qui lui fait suite, raconte le devenir de ces adolescents et leurs différentes trajectoires.

Bernard Malamud (1914-1986) fait partie du même groupe d'écrivains. Si certains jugent qu'il n'a pas la puissance d'un Saul Bellow, il fait partie intégrante de la culture juive américaine. Parmi les nombreux ouvrages qui l'ont fait connaître, *L'Homme de Kiev*, fresque historique située dans la Russie tsariste du début du XXe siècle, est peut-être le plus fameux. Le roman remporta le prix Pulitzer et le National Book Award ; il fut porté à l'écran en 1968 par John Frankenheimer, avec Alan Bates et Dirk Bogarde dans les rôles principaux. Écoutons l'écrivain anglais Martin Amis parler, dans un article consacré à Saul Bellow, de cette « école juive » qui, selon lui, a dominé le roman américain de la seconde moitié du XXe siècle :

> « *On a compris la fascination unique qu'exerçait le conflit entre la sensibilité juive et les tentations – inévitables – d'une Amérique matérialiste. Comme le dit l'un des narrateurs de Bellow : "Chez soi, à la maison, une règle archaïque ; au-dehors, la réalité de la vie." La règle archaïque est sombre, marquée par le sang, déchirée par la*

culpabilité, vouée au renoncement, et transcendante ; la réalité de la vie est atomisée, irréfléchie et impure. Bien sûr, le roman juif américain absorbe l'expérience de l'immigrant, coupé du "vieux monde", et met l'accent sur l'obsession angoissante de la légitimité [...]. Ce n'est pas une obsession du succès, de la réussite ; c'est l'obsession du droit à se prononcer, à juger ; du droit à écrire[12]. »

Raconter aura alors quelque chose à voir avec survivre, ou plutôt avec l'affirmation de son droit à vivre. Raconter est comme le socle sur lequel le conteur peut se bâtir une identité – pour lui et pour sa communauté. Avec les écrivains de la génération de Bellow, il s'agit de faire de l'Amérique un lieu où la communauté juive aura droit à son identité. Avec la génération qui la suivra, celle des Roth, puis des Greenburg ou Allen, la radiographie de la famille juive américaine se fera plus acide, plus mordante – et l'on pourra, alors, voir apparaître cette « mère juive », cet étrange personnage du passé et de l'ancien continent niché au cœur de la modernité américaine. Mais n'est-ce pas dû au fait que ces auteurs, ces humoristes, estiment alors avoir conquis le droit de porter un regard proprement *américain* sur leur judéité ?

---

12. Martin Amis, *Le Nouvel Observateur*, 23 décembre 2003, n° 2040.

La Nice Jewish Girl

Il nous faut prendre ici un nouveau chemin de traverse, auquel nous conduit notre parcours dans cette veine des auteurs juifs américains des années 1950-1970. On aperçoit en effet, en suivant cette histoire et les travaux qui lui sont consacrés, que d'autres figures de la « femme juive » sont apparues à sa suite. Très différentes de cette « mère juive », ces nouvelles figures forment avec elle un tableau nouveau des rapports familiaux. Elles sont peu connues de ce côté-ci de l'Atlantique, mais ont sensiblement marqué l'imagerie américaine ; elles sont comme des reliefs portés à cette figure première qu'est la « mère juive », elles l'éclairent et lui donnent sens.

L'image de la *Nice Jewish Girl*, la « gentille fille juive », a suivi de peu le surgissement populaire de la « mère juive » ; son apogée se situe au tournant des années 1960-1970. (Il est intéressant de signaler, en passant, que l'on trouvera sur Internet plus d'items concernant les *Nice Jewish Girls* que les « mères juives » ou les *JAP [Jewish American Princess.]*) L'image est celle d'une fille façonnée par sa mère, gentille et soumise, ou, du moins, une « bonne » fille juive aux yeux de la mère juive : il peut s'agir, en effet, autant de sa propre fille que de la prétendante de son fils. Cette dernière a d'ailleurs peut-être autant d'importance encore aux yeux de la mère...

La *Nice Jewish Girl* paraît ambitionner de remporter le prix d'excellence du conformisme ; réplique jeune et américanisée de la mère ou de la belle-mère – cette dernière restant une immigrante, une parcelle de passé en terre étrangère –, elle est la personnification de ses exigences, l'espoir même d'une judéité qui persisterait et résisterait à la frivolité de la société américaine. Le modèle sans doute le plus accompli de la *Nice Jewish Girl* est décrit dans le remarquable livre de Gail Parent, *Sheila Levine Is Dead and Living in New York*, publié en 1972. Véritable précurseur de Bridget Jones, Sheila Levine est une jeune New-Yorkaise qui relate avec humour sa vie de célibataire, ses tentatives désespérées pour perdre du poids, ses aspirations au mariage – idée fixe de ses parents, que Sheila fait sienne... Le livre commence avec l'envie de suicide de Sheila qui découvre avec horreur que les milk-shakes diététiques, réalisés grâce à des ingrédients secrets, comptent plus de 280 calories : elle en mangeait deux puisqu'ils étaient censés ne pas faire grossir. « Comment voulez-vous vivre dans un monde où un homme ment au sujet des calories ? » s'exclame-t-elle.

Tel est le monde de la *Nice Jewish Girl* : un monde où toutes les jeunes filles juives cherchent des maris, où, si elle obtient son diplôme de fin d'études, des parents chaleureux et inquiets proposent à leur fille de se faire refaire le nez ou d'avoir un manteau de fourrure, afin de maximiser ses chances de mettre la main sur le « gentil garçon juif » type... Bien entendu, la gentille fille juive est une denrée rare ; le danger est grand que le fils rencontre une fille qui ne soit ni « gentille » ni même juive... ou que la fille, ingrate, s'écarte insensiblement du modèle. La mère doit donc encadrer et tenir à l'œil cette génération soumise aux pressions infernales du monde extérieur ; il y a lieu, en permanence, de couver inquiétude et angoisse quant à la disparition des gentilles filles juives... Une histoire de Christopher Mandelstein représente cela à merveille (tirée de son site Internet).

Le téléphone sonne chez Mrs Mandelstein.
« Allô, Maman, c'est moi, Christopher. J'ai de bonnes nouvelles à t'annoncer...
— Mon chéri, qu'est-ce qui se passe ?
— Maman, j'ai décidé de rentrer dans le droit chemin. Tu t'inquiètes toujours de mon homosexualité, mais j'ai rencontré une fille formidable.
— Une fille ! C'est merveilleux ! Mais je suppose qu'elle n'est pas juive.
— Si, Maman, C'est une Nice Jewish Girl.
— Une Nice Jewish Girl *! Formidable ! Je suppose qu'elle est pauvre.*
— Non, Maman, en fait elle est d'une riche famille de Beverly Hills.
— Une gentille fille juive d'une riche famille de Beverly Hills !
— Oui, Maman, Tu peux t'imaginer combien je suis heureux. Elle s'appelle Monica Lewinsky. »
Après une très longue pause...

*« Christopher chéri, qu'est-ce qu'est devenu ce gentil gar-
çon noir avec lequel tu sortais l'année passée ? »*

Ce modèle trop idéal, trop rigide, demande l'effort
permanent des parents pour se maintenir. Plus avancera
l'assouplissement des mœurs, dans l'Amérique de la
prospérité économique, et plus la gentille fille juive,
figée dans ses comportements, aura du mal à trouver sa
place.

La Jewish American Princess

Une nouvelle figure éclôt alors : c'est une fois
encore chez Philip Roth qu'on peut la déceler. La nouvelle qui donne son titre au recueil *Goodbye, Colombus*,
premier livre publié par Roth, en 1959, relate les premières amours d'un jeune homme, Neil, avec une certaine
Brenda. Celle-ci vit dans une banlieue chic de New York,
avec ses parents, Mr et Mrs Patimkin, son frère Ron et
sa sœur Julie. Brenda a le nez refait, elle est très proche
de son père, duquel elle obtient tout ; à l'inverse, elle
entre souvent en conflit avec sa mère. Au moment où
Neil rencontre Brenda a lieu le mariage de Ron avec une
« gentille fille juive ». Nous assistons ainsi aux récits
amoureux de ces jeunes, dans une ambiance estivale de
familles conformistes ; hélas, l'été se termine, et Brenda
doit retrouver le chemin de l'université... Elle a laissé
son diaphragme dans un de ses tiroirs et sa mère, en

rangeant sa chambre, le découvre. La crise éclate : leur fille chérie a eu des rapports sexuels avant le mariage ! La mère et le père envoient alors, séparément, chacun une lettre à leur fille.

La lettre du père commence ainsi :

« Chère Brenda,
Ne prête aucune attention à la lettre de ta mère quand tu la recevras. Je t'aime ma chérie, si tu veux un manteau, je te l'achèterai. Tu peux avoir ce que tu veux. Nous avons entièrement confiance en toi alors ne t'alarme pas trop à cause de ce que ta mère dit dans sa lettre. Bien sûr, elle est terriblement bouleversée par le choc. »

Un peu plus loin, il ajoute :

« Tu as toujours été jusque-là une gentille biche et tu as eu de bons résultats scolaires et Ron a toujours été comme nous le voulions un Bon Garçon, ce qui est très important, et un Gentil Garçon. »

Le ton de la lettre de la mère est, comme on s'en doute, sensiblement différent :

« Je ne sais pas comment commencer. J'ai pleuré toute la matinée et j'ai dû renoncer à une réunion cet après-midi tellement j'avais les yeux rouges. [...] Je ne sais pas ce que nous t'avons fait pour que tu nous récompenses de la sorte. Nous t'avons donné un foyer agréable et tout l'amour et le respect dont un enfant a besoin. [...] Mais tu t'es éloignée de ta famille, bien que nous t'ayons envoyée dans les meilleures écoles et donné le meilleur de ce que l'argent pouvait acheter. Pourquoi tu nous remer-

cies de la sorte est une question que j'emporterai jusque dans la tombe. »

Nous sommes à la fin des années 1950, quelques années avant l'arrivée de la pilule, avant l'époque *Peace and Love*. En vérité, les valeurs nouvelles qui s'annoncent ici – consumérisme, autonomie sexuelle – bouleversent aussi bien les relations mère/fille que les relations père/fille, mais, on s'en rend compte, selon des modalités toutes différentes. La Brenda de Philip Roth se situe à l'exact point d'équilibre entre la *Nice Jewish Girl* et un nouveau personnage que la culture américaine ne tardera pas à promouvoir, celui de la *Jewish American Princess*. Mais ce n'est que dans les années 1970-1980, au moment où la libération sexuelle sera consommée, que s'épanouira cette nouvelle figure ; il faudra le temps que la « gentille fille juive » revienne venger chaque excès qu'elle tenait de sa mère par un excès rigoureusement contraire.

Frivole, matérialiste, gâtée, narcissique, la *Jewish American Princess*, ou *JAP*, aime voyager, surtout dans de beaux hôtels, a recours à la chirurgie plastique, aime les soldes et les vêtements chers, aime les jeans trop étroits. Plus américaine que n'importe quelle Américaine, la *JAP* est en quelque sorte la *Nice Jewish Girl* débarrassée de ses complexes – ou plutôt la « gentille fille » aux yeux de ses parents devenue à l'extérieur de la famille et même de la communauté une « princesse » égocentrique. L'un des nombreux sites Internet qui lui sont consacrés présente ainsi le « profil » de la parfaite *JAP* :

« *Les grands magasins Bloomingdale [remplacer par Les Galeries Lafayette] sont enregistrés en numéro 2 sur ton téléphone portable. Tu portes des diamants soudés aux oreilles. Tu demandes à un architecte de te dessiner ta nouvelle maison. Ton chien a plus d'habits et de jouets que le fils de ton voisin. Ta phrase préférée c'est : "Je veux aller à Miami." La seule chose que tu saches faire à dîner, c'est de réserver un restaurant.* »

S'arrêter à ce portrait qui, finalement, n'est autre que celui, bien connu, de la *material girl* urbaine, de la *fashion victim* des capitales occidentales, appauvrit néanmoins considérablement l'intérêt de cette figure, autrement plus dense et donc plus intéressante. En fait, la *JAP* représente l'exacte inversion des valeurs de la « mère juive ». Si tenir une maison, cuisiner, nourrir, voire gaver les enfants est le métier de la « mère juive », c'est le contraire pour la *JAP*. Au lieu de devoir prendre soin des hommes, ce sont eux qui doivent s'occuper d'elle ; leur rôle exclusif est d'assouvir ses exigences et ses désirs – payer ses vêtements, ses lubies, car, évidemment, la « princesse » veut tout, mais le réclame sous forme de cadeaux, de présents fabuleux qui ne souffrent aucune contrepartie. Tout prendre, sans jamais rien donner : tel est le jeu de la *Jewish American Princess*.

Le point nodal est qu'en cela la « princesse » n'est aucunement une rebelle ou une ingrate vis-à-vis de sa famille, de son éducation, de sa judéité. Au contraire, la

Jewish American Princess est la créature non de « Maman » cette fois-ci, mais de « Papa ». « Papa » est souvent à l'origine de sa consommation. « Papa » (qui est bien sûr médecin, avocat ou homme d'affaires) offre tout, couvre sa fille de présents, finance ses cartes de crédit, accueille avec indulgence tous ses caprices. Le rapport père/fille est fusionnel. La mère, quant à elle, n'apparaît que très discrètement ; souvent, les relations entre la « princesse » et sa génitrice sont conflictuelles, notamment sur les questions d'argent.

Alors que la sexualité s'est libérée à peu près vers 1965, la *JAP* reste en effet indifférente à tout désir sexuel : sa vie sexuelle est un pur appât pour ferrer un mari, qui financera tous ses désirs et se substituera ainsi à son père (ou complétera ses cadeaux) ; une fois le mariage réalisé, la sexualité est jetée aux orties, au grand dam d'un époux qui ressent doublement l'ingratitude de sa femme – non seulement elle ne gagne pas d'argent et se contente de dépenser le sien, mais elle se refuse à lui... À moins qu'elle ne s'exécute avec une mauvaise volonté patente. La *JAP* ne bouge pas, n'exprime aucun plaisir dans les relations sexuelles. En vérité, son orgasme, elle l'atteint en tenant une carte de crédit ou en regardant dans la direction du plus grand magasin ; la seule chose qui la fasse monter au septième ciel, c'est l'ascenseur d'un grand magasin... C'est, en vérité, sur ce sujet de la sexualité que tournent nombre de plaisanteries célèbres sur les *JAP* :

« *Qu'est-ce que demande une* **JAP** *nymphomane ? Faire l'amour une fois par mois...* » « *Un prince entre dans un château et trouve une ravissante femme couchée dans un lit. Il pénètre à pas feutrés dans la chambre et la séduit. Quand il repart, le châtelain s'approche de lui : "Avez-vous vu ma pauvre fille ? Elle est dans le coma depuis sa chute de cheval la semaine dernière. – Ah, elle est dans le coma, répond le prince. Je croyais qu'elle était juive..."* »

Entre 1970 et 1980, on a décliné cette image de toutes les façons possibles : plaisanteries, livres humoristiques, cartes postales, T-shirts, articles de journaux, romans, etc. La figure restera très à la mode jusque dans les années 1980. Cependant, un groupe de féministes juives a condamné durement ce stéréotype, le considérant comme antisémite et sexiste. Voici ce qu'écrivent par exemple Rachel Josefowitz Siegel et Ellen Cole :

« *Nous avons été appelées mères juives et princesses juives par dérision et par manque de respect. Nous sommes des femmes dont la force et la valeur sont constamment exagérées entre des caricatures trop bienveillantes ou trop malveillantes*[13]. »

Ellen Totton Beck, dans le même ouvrage, prend quant à elle le personnage de Shylock créé par Shakespeare dans *Le Marchand de Venise* comme exemple de caricature personnifiant l'antisémitisme et rapproche

---

13. Rachel Josefowitz et Ellen Cole, *Jewish Women in Therapy : Seen but not Heard*, Haworth Press, 2001, p. 3.

ces représentations de celle de la *JAP*. Shylock est un manipulateur, il est intéressé par l'argent, matérialiste, avare, vulgaire, laid et d'une sexualité perverse ; de la même façon, la *JAP* est purement intéressée ; elle ne pense qu'à s'acheter des vêtements, des bijoux, de la fourrure ; elle est vulgaire, et pour couronner le tout elle est frigide… Elle ajoute que l'image de la *JAP* véhicule un antisémitisme mélangé au racisme asiatique très courant aux États-Unis : *JAP* renvoie phonétiquement à *Japanese*, et ce n'est pas un hasard si l'abréviation *JAP* a été tellement répandue. On connaît la tension entre Américains et Japonais…

Aussi, dès les années 1990, les produits dérivés de ce stéréotype ont pratiquement disparu. Il reste que, pendant toute une période, cette figure a supplanté, dans l'« esprit » américain, celle de la « mère juive ». Retenons tout de même l'essentiel : le personnage de la *JAP*, comme d'ailleurs celui de la *Nice Jewish Girl*, stigmatise les juifs. Comme la « mère juive ». Tous représentent un système de stéréotypes appliqués et à la femme et à la judéité.

L'archétype n'aurait eu, toutefois, qu'une existence discrète s'il n'avait été porté par un humour juif fantastique. Or, si la « mère juive » a « explosé » à un moment donné, l'humour qui l'a peinte n'est pas né des dernières histoires de Greenburg… L'humour juif a lui-même une longue histoire ; il a ses schèmes, ses thèmes, ses mécanismes. Il nous faut dès lors suivre cette nouvelle piste.

L'humour : de l'autodérision à la stigmatisation

Le monde juif n'a pas attendu le détour américain pour que fleurissent contes, fables, satires ou plaisanteries. Depuis toujours, l'humour est présent dans le quotidien des juifs ; à chaque occasion de la vie, il y a lieu de faire rire. Les rabbins de toute époque, de tout lieu n'étaient-ils pas de légendaires conteurs d'histoires – en particulier drôles ? Nombreux sont ceux qui illustrent encore leurs discours d'une note d'humour et le ponctuent de quelques mots divertissants ; les offices du vendredi soir et du samedi matin s'y prêtent aisément, lorsqu'il s'agit de mobiliser l'écoute des fidèles. Car le rire n'est pas réservé à une vie profane qui se détendrait des rigueurs de la tradition, des dogmes, des discussions spirituelles. C'est l'exact contraire : l'humour est un canal par lequel transporter la tradition spirituelle qui forme le cœur même de l'identité juive. Rire de soi ne s'oppose pas à la prière et à l'étude, mais au contraire y invite.

Le questionnement est à la base du judaïsme et fait partie intégrante de la tradition. Apprendre à réfléchir, à poser des énigmes, à commenter des discours est central dans l'éducation. Tous les textes de la Torah – Bible, Talmud, Midrash, Kabbale – sont soumis sans cesse au questionnement : le but est de dépasser le sens évident de manière à retrouver des sens plus voilés, à balayer les potentialités du texte au-delà de ce qui en est immédiatement manifeste. Cet exercice est de l'ordre de l'interprétation, de l'exégèse. « L'exercice de l'exégèse talmudique du texte biblique nous a appris qu'on ne s'attache tellement à la lettre du texte de référence que pour pouvoir mieux lui faire dire quelque chose qui vient d'ailleurs », écrivait Henri Atlan[14]. Or l'humour, lorsqu'il fonctionne sur le jeu de mots, lorsqu'il joue sur les malentendus, le double sens, l'homonymie, n'est jamais loin, formellement, d'un tel questionnement. C'est même une voie d'accès privilégiée, comme le remarquent avec finesse Marc-Alain Ouaknin et Dory Rotnemer :

> « *Le mot d'esprit réalise justement les conditions dans lesquelles des mots dont le sens primitif a pâli récupèrent leur sens plein. Cet aspect du fonctionnement de l'humour est particulièrement intéressant dans le cadre des blagues juives, car on rencontre une proximité méthodologique avec le Midrash, c'est-à-dire le commentaire sur les textes bibliques.*
>
> « *Ces commentaires se fondent sur l'homonymie ou l'homophonie des deux mots pour les rapprocher et entendre dans le texte de nouvelles sonorités, qui ouvrent le texte et le conduisent vers de nouveaux horizons.*
>
> « *C'est ce qui parfois donne cet aspect comique à certaines traductions de la Bible, qui restituent le sens originaire au lieu d'utiliser le sens habituel*[15]. »

---

14. Henri Atlan, *Entre le cristal et la fumée*, Seuil, 1979.
15. Marc-Alain Ouaknin et Dory Rotnemer, *La Nouvelle Bible de l'humour juif*, Le Rocher, 1999.

Le lecteur trouvera un très bel exemple de cette façon de se former à la pensée, à la discussion dans *L'Élu*, le roman de Chaïm Potok. Judith Stora-Sandor cite une histoire fameuse dans l'univers yiddish, qui pourrait valoir comme un exposé joyeux des mécanismes mêmes de l'interprétation :

> « *Deux commerçants se rencontrent dans le train. L'un demande à l'autre : "Où allez-vous, M. Schwartz ?" L'autre répond : "Je vais à Minsk acheter du blé." Le premier commerçant lui dit avec reproche : "Pourquoi vous mentez ?" "Moi, mentir ? Que me dites-vous là ?" "Allons, allons, répond l'autre, vous me dites que vous allez à Minsk acheter du blé pour que je croie que vous allez à Varsovie acheter de la farine. Or je sais bien que vous allez à Minsk pour acheter du blé. Alors pourquoi vous mentez[16] ?"* »

L'humour dit « juif » ne serait-il pas, d'ailleurs, un humour yiddish ? Beaucoup d'indices invitent à le penser. Il est en effet avéré que beaucoup des plaisanteries les plus célèbres, telle celle qui vient d'être citée, appartiennent à la culture ashkénaze, plus précisément même à la culture hassidique.

Le hassidisme, mouvement de renouveau religieux né au XVIIIe siècle, en Ukraine, a parfois été décrit comme un « mysticisme populaire » ; il est remarquable de noter que, se présentant à l'origine « comme une

---

16. Judith Stora-Sandor, *L'Humour juif dans la littérature : de Job à Woody Allen*, PUF, 1984.

révolte contre l'intellectualisme desséché des rabbins, le hassidisme réussit effectivement à promouvoir, chez de nombreux juifs, la joie (*simhah*) et l'enthousiasme (*hitlahavout*) dans la prière ». Comme le note Marc-Alain Ouaknin, « ce courant constitua une révolution au sein du judaïsme, car il permit une démocratisation de l'étude et du rapport au sacré. La joie de vivre se répandit dans tous les cœurs juifs de la Pologne et de la Russie de la fin du XVIIIe et du XIXe siècle, la tristesse se transforma en chants, en mélodies et en danses très caractéristiques du judaïsme ». Histoires, contes et histoires drôles complétèrent ce renouveau ; Ouaknin ajoute que « certains maîtres hassidiques sont connus à travers leurs bons mots, que leurs disciples se transmettent de génération en génération[17] ».

Cette communauté hassidique, chassée d'Europe centrale, s'est installée pour une large part à Brooklyn, où elle représente peut-être la partie la plus orthodoxe et la plus fermée du monde juif américain. Toutefois, les auteurs juifs américains que j'ai évoqués, s'ils sont ashkénazes, ne sont pas tous d'origine hassidique – bien que cela soit le cas de Potok.

L'autre indice de cette attache géographique, c'est l'importance, dans le discours humoristique juif, de l'accent – pas n'importe lequel, mais précisément l'accent yiddish. Qu'est-ce, d'ailleurs, précisément que le

---

17. *Op. cit.*

yiddish ? Une langue étrange, qui apparaît en Rhénanie, aux alentours du XIe siècle, et qui résulte de la fusion de matériaux divers : des éléments hébreux, des langues romanes hébraïsées antérieures, des dialectes allemands médiévaux, des éléments de langues slaves... Comme n'hésite pas à conclure Marc-Alain Ouaknin, « le yiddish [étant] en soi une sorte de parodie, l'accent est parodie de parodie ». L'humour juif américain est pétri de références au yiddish : lorsqu'il est conté oralement, l'accent vient ajouter une saveur toute particulière (à la manière, chez nous, d'un Popeck) ; lorsqu'il est écrit, le discours utilise nombre de mots juifs, d'exclamations, de subtiles constructions de phrases qui font transparaître le yiddish derrière l'américain. À tel point que le critique Wallace Markfield a pu parler de « yiddishisation de l'humour américain », pour souligner cette prégnance des mots et des parlures qui donne sa forme et tout son sel à la langue de l'humour juif américain.

Il y a lieu, toutefois, de nuancer. Les ashkénazes n'ont certes pas l'apanage de l'humour juif ; comme le précise encore Ouaknin, « les juifs d'Afrique du Nord, Maroc, Algérie, Tunisie, ont développé un humour original qui trouve son fondement dans l'utilisation d'une judéo-langue, que ce soit le judéo-espagnol ou le judéo-arabe. Il existe toute une littérature qui va du conte au proverbe, en passant par la *romansa* (conte chanté), les *konsejas* (contes moraux), les *pasajes* (le vécu), les anecdotes ou les *chakas* (les blagues) ».

En France, ainsi, ce sont principalement les humoristes juifs d'Afrique du Nord qui développent cet humour, utilisant leur culture pour faire vivre des personnages truculents, comme la « mère juive », que l'on retrouve ici séfarade et pied-noire pour la mémoire collective française, et non plus ashkénaze... Le personnage joué par Marthe Villalonga dans le film d'Yves Robert *Un éléphant, ça trompe énormément* (1976) et sa suite *Nous irons tous au paradis* (1977) fera beaucoup pour populariser cette figure, reprise par la suite dans les spectacles de Michel Boujenah, puis dans *La Vérité si je mens*. Il faut en outre signaler que, dans l'adaptation française de la pièce *Comment devenir une mère juive en dix leçons*, tirée du livre de Greenburg, la mère, par son accent notamment, est clairement identifiée comme une femme issue d'Afrique du Nord.

Peu à peu, l'humour juif, tel que nous le connaissons aujourd'hui, s'est fixé sur certains thèmes. De nombreux sites Internet l'attestent, comme en témoignent ces réflexions de S. Uettwiller retrouvées sur un site « rire ». Cette plaisanterie illustre bien la propension des juifs à envisager leur identité comme un questionnement sans fin :

> Après un naufrage sur une île déserte, toute petite et peuplée exclusivement d'éléphants, un scientifique juif est recueilli par un navire et retourne à la civilisation. Il écrit un ouvrage pour relater son expérience et l'intitule Les Éléphants et la question juive.

On trouvera encore beaucoup de plaisanteries liées à Dieu, à la psychanalyse et au monde de l'argent. Voici ce qu'en dit Woody Allen :

> « *Mon père tient de sa tante May. Elle rejetait la Bible parce que le personnage central était invraisemblable* » (Crimes et délits). « *J'ai été très déprimé pendant long-temps. Je m'apprêtais à me suicider mais, comme je l'ai dit, je suivais une psychanalyse freudienne très stricte et si vous vous suicidez, on vous fait payer les séances que vous ratez* » (monologue).

L'un des mécanismes spécifiques de cet humour, c'est le mélange de l'abstrait et du concret, du spirituel et du trivial. Encore une fois, nous puiserons allégrement chez Woody Allen :

> « *L'univers n'est jamais qu'une idée fugitive dans l'esprit de Dieu ; pensée joliment inquiétante, pour peu que vous veniez d'acheter une maison à crédit.* » « *Non seulement Dieu n'existe pas, mais essayez d'avoir un plombier pendant le week-end !* » (Ma philosophie).

Mais l'un des thèmes préférés de cet humour reste le langage, ce qui se manifeste par de nombreux jeux de mots et jeux avec les mots, ainsi que la logique, détournée, poussée jusqu'à l'absurde. Le meilleur exemple du genre est sans doute le mot de Groucho Marx : « Jamais je n'accepterais de faire partie d'un club qui serait prêt à admettre comme membre quelqu'un comme moi ! » L'absurde, appliqué à soi-même, n'est jamais loin du masochisme…

La logique retournée, l'esprit peut se surprendre à soupçonner la raison même. C'est ce même retournement que l'on perçoit dans une célèbre plaisanterie :

> *Un jeune étudiant d'une école talmudique va voir son rabbin : « Rabbin, pourquoi, dans le Talmud, chaque fois qu'on pose une question à un docteur de la Loi, il répond par une autre question ? » Le rabbin regarde le jeune homme en lui souriant et répond : « Pourquoi pas ? »*

Du reste, nous, psychiatres, nous avons appris de longue date à répondre à une question par une question et la dialectique psychanalytique est assez proche de cette forme de pensée...

L'humour semble ainsi alors avoir essaimé dans le monde juif à partir des jeux de la parole et du sens inventés pour l'étude. Très vite, il prend une couleur d'autodérision : le juif rit de lui-même, de son rapport aux choses, aux mots, à la raison, et finalement au monde qui l'environne. Qu'il s'agisse de l'argent, de la question de l'identité, des perturbations du sens commun, de la raison et de la communication, le juif pointe sa propre singularité et, en fin de compte, le lien transversal, biaisé, qu'il peut entretenir à la réalité. De là à imaginer que le rire serait un mécanisme de désamorçage des problèmes et des affres auxquels la communauté est confrontée, il n'y a qu'un pas...

On passe toutefois plus rapidement qu'on ne le pense de l'autodérision à la stigmatisation. Le fond de masochisme qui transparaît à travers cet humour n'est-il pas une invitation à l'antisémitisme ? Il n'y a pas que les juifs qui aiment se rire des juifs... En vérité, la question de la limite entre humour juif et caricature antisémite est souvent posée. Elle travaille les créateurs. Ainsi, Alexandre Arcady, réalisateur du film *Le Grand Pardon*, soulignait lors d'une interview télévisée (mars 2004) la nécessité de tenir compte du contexte socioculturel des spectateurs, auditeurs ou lecteurs, dès que l'on fait de l'humour. Après avoir revu ce film, qu'il avait réalisé il y a plus de vingt ans (1982), il reconnaissait avec amertume que, s'il avait à le tourner aujourd'hui, il supprimerait probablement quelques phrases pouvant prêter à confusion dans le climat actuel qu'il ressent en France.

De nombreux auteurs ont prêté attention aux glissements et aux retournements qui peuvent conduire de l'humour juif aux plaisanteries antisémites. Pour Marc-Alain Ouaknin et Dory Rotnemer, la frontière est nette. À travers la blague juive, l'auditeur est incité à jouer le jeu de l'identification avec le personnage ; lorsque ce personnage bascule dans l'absurde, lorsque la raison quotidienne perd pied, c'est lui-même qui se voit interrogé, et inquiété dans son identité : « Dans la blague juive, la description qui est faite du juif ne vise pas à l'enfermer dans des critères stéréotypés : l'argent, l'aspect physique... La blague juive utilise les stéréotypes pour les faire éclater. Le rire est alors une corrosion de l'intégrité de l'identité. Le rire éclate à la frontière de l'identification-désidentification, frontière mouvante dans laquelle on se perd, on se trouve et l'on se reperd indéfiniment. » La plaisanterie invite toujours à un questionnement, et donc à une complexification du réel. La plaisanterie raciste, qu'elle porte d'ailleurs sur les juifs ou toute autre communauté, fonctionne à l'exact inverse : « Dans la blague antisémite ou raciste, le juif est assigné à être ce que les autres veulent qu'il soit. L'identité du juif ou de tel autre groupe social corse, belge, suisse est figée d'avance et la blague est une façon efficace de faire circuler les formules et les images qui conduisent le juif à être en état d'arrestation, c'est-à-dire dans un état fixé une fois pour toutes[18]. »

Ces remarques rejoignent les conclusions que Freud avait eu l'occasion d'émettre dans son ouvrage *Le Mot d'esprit et sa relation à l'inconscient*. À l'appui de sa démarche, le fondateur de la psychanalyse entendait classer les différents types de mots d'esprit et empruntait pour cela, à titre d'exemples, nombre de blagues juives, lesquelles concernent différents thèmes, comme l'argent, la propriété, le mariage arrangé... La différence que Freud observe entre blagues juives et traits à couleur antisémite est, elle aussi, sans appel : « Cette condition que constitue l'autocritique peut nous expliquer que ce soit précisément sur le terrain de la vie populaire juive qu'un certain nombre des mots d'esprit les plus remarquables aient pris naissance [...]. Ce sont des histoires inventées par des juifs et

---

18. *Ibid.*

dirigées contre des particularités juives. » À l'inverse, « les mots d'esprit sur les juifs faits par des non-juifs sont la plupart du temps des bouffonneries pleines de brutalité, dans lesquelles on s'épargne de faire de l'esprit par suite du fait que le juif est considéré par les non-juifs comme un personnage comique[19] ». En fin de compte, l'humour juif apparaît comme une interrogation et une reconstruction incessante de la judéité, qui doit traverser l'épreuve de l'autocritique ; la plaisanterie antisémite œuvre, quant à elle, à un rejet, un effacement du « juif ».

Du reste, il y a des limites que ne s'autorise pas à franchir l'humour juif et qui signalent, à l'inverse, de clairs « dérapages » antisémites. Il reste en effet des thèmes sensibles, voire interdits, dont on ne peut rire ; c'est le cas, notamment, de tout ce qui concerne l'Holocauste. Les familles des déportés y sont particulièrement vigilantes. En France comme aux États-Unis, ces débordements sont particulièrement condamnés, mais c'est de ce côté-ci de l'Atlantique que le sentiment est le plus fort d'un antisémitisme primaire persistant, sous couvert généralement d'antisionisme ; les États-Unis demeurent, apparemment, davantage protégés de ces tendances.

L'humour juif est donc soutenu par une histoire riche et complexe, qui lui donne sa structure et son expression si particulière. La « mère juive », en tant

---

19. Sigmund Freud, *Le Mot d'esprit et sa relation à l'inconscient*, Gallimard, 1992.

qu'archétype comique, s'inscrit, semble-t-il, parfaitement dans cette tradition ; à travers elle s'exprime tout un questionnement sur l'identité et, en fin de compte, sur la difficile transmission culturelle à des enfants insérés dans une société plus individualiste qu'elle n'a jamais été et traversés par des désirs d'autonomie et d'assimilation.

Une génération de vipères ? La stigmatisation des mères

Néanmoins, la question reste de savoir s'il n'y aurait pas dans la fixation du personnage des projections supplémentaires, comme le soulignent d'autres travaux. La thèse de Tamar Pelleg-Sani, sur *Les Traits de personnalité des mères juives*[20], après avoir fixé les traits stéréotypés de la mère juive – manipulatrice, dominatrice, se mêlant de tout, contrôlant tout à partir de la culpabilité, nourrissante –, montre ainsi combien le stéréotype a outrepassé la réalité. L'auteur choisit de comparer deux cents mères, cinquante juives et cinquante protestantes de moins de 50 ans, et cinquante juives et non-juives de plus de 50 ans. Cette étude révèle plusieurs choses : il n'y a pas, quant à ces traits, de différence entre les mères de moins de 50 ans et celles de plus de 50 ans, pas plus que l'on ne peut déceler de différences significatives entre les juives et les non-juives. L'émergence du mythe peut être attribuée

---

20. Thèse de PhD, New York University, 1984.

à la division non traditionnelle des rôles à l'intérieur de la famille, à son style de communication émotionnelle et au désir qu'a la jeune génération de s'assimiler.

Dès lors, les histoires de « mères juives » glisseraient insensiblement du dialogue avec la culture traditionnelle à une véritable stigmatisation... Certains travaux donneraient à le penser, qui décèlent dans le stéréotype le résultat d'une spectaculaire inversion des valeurs et d'une mutation sans précédent du regard porté par cette nouvelle culture juive américaine sur sa propre histoire. C'est ce qu'a analysé Gladys Weisberg-Rothbell, dans *Le Caractère de la mère juive : étude de ce stéréotype*[21]. Pour cette étude, l'auteur a analysé différentes figures de mères juives dans les films américains ; elle met au jour cinq inversions dramatiques qui ont transformé le caractère de la mère juive d'un objet de vénération en une cible ridicule.

Selon la représentation classique, le caractère des mères juives est exemplaire : dans l'abnégation la plus totale, elles se sacrifient pour leurs enfants, lesquels témoignent de ce fait à leur égard reconnaissance et fidélité. Les mères juives meurent souvent jeunes ; leurs enfants, orphelins, se les remémorent avec une extraordinaire sentimentalité.

L'image change à partir de 1950. Des rôles riches et multiples dont la mère juive était créditée, il ne reste plus

---

21. Thèse de PhD, New York University, 1989.

que celui de *mamma* surprotectrice et envahissante. Leur sacrifice est devenu un comportement douteux, voire déviant ; le fameux instinct maternel prend l'aspect d'une tendance pathologique et pathogénique, menaçant la santé mentale et le développement sexuel de l'enfant, et faisant obstruction à toute recherche d'autonomie. Pire, les mères vivent désormais trop longtemps, et deviennent l'objet de fantasmes matricides. Dans le récit de la « mère juive », telle que l'analyse Gladys Weisberg-Rothbell[22], apparaît dès lors quelque chose de radicalement nouveau et d'inattendu, compte tenu de la tradition juive : un véritable ressentiment à l'égard des mères, mises en procès dans leur rôle même.

Certes, l'humour juif structure le personnage, mais celui-ci en déborde ; le discours ne se contente pas de pointer les difficiles adaptations d'un comportement culturel à la situation moderne, il se livre à un véritable jeu de massacre. Le point de basculement est net, et il intervient dès lors que ce que représente cette mère n'est plus de l'ordre de la *protection*, même excessive, mais du *danger*. Pourquoi ? Parce que la mère rend fou. Il ne s'agit plus alors de se demander comment vivre avec cette mère. Il s'agit de clamer qu'il est désormais urgent de vivre sans elle.

Au-delà de la communauté juive, ce message accompagne une lame de fond de la société américaine, et même de la société occidentale dans son ensemble. Dès

---

22. *Ibid.*

1955, Philip Wylie s'attachait à vilipender les mères américaines[23]. De quoi sont-elles coupables ? Rien de moins que de détruire les aspirations morales de la nation par leur façon de traiter leur fils. Désormais désœuvrée de ses tâches ménagères traditionnelles, lesquelles sont confiées aux nouveaux appareils qu'offre la technologie, la mère américaine de Wylie s'abat sur sa progéniture :

> « Son fils, après avoir été couvé par son amour, et, durant son âge barbare, protégé avec soin et inquiétude de tout développement intellectuel, se voit prémuni contre les étapes ultérieures de son évolution vers la maturité. »

Certes, Wylie put être considéré comme un extrémiste ; il n'empêche que son travail fut très remarqué... Et il ne représente pas un cas isolé. Partout, les langues se délient contre les mères. C'est ainsi par exemple qu'à la même époque, en 1948, le livre d'Hervé Bazin, *Vipère au poing*, obtient un vif succès et crée le scandale. Ce récit autobiographique introduit une figure inédite : la mère violente, méchante et dangereuse pour ses enfants. Folcoche, le surnom de la mère, est devenue depuis le modèle même de cette mère « vipère » destructrice.

> « Grand-mère mourut. Ma mère parut. Et ce récit devint drame. J'avais huit ans. Rappelés par télégramme, monsieur et madame Rezeau mirent huit mois à rentrer. Un beau soir, nous nous trouvâmes alignés sur le quai de la

---

23. Philip Wylie, *Generation of Vipers*, Holt, Pinehart and Winston, 1955.

gare, très excités et difficilement contenus par la ponti-
fiante tante Bartolomi et par notre gouvernante. Le tor-
tillard, soufflant bas, parut avec dix minutes de retard.
« La vitre s'abaissa, jaillit une voix : "Venez prendre les
bagages, Mademoiselle." Notre gouvernante pensa qu'elle
la prenait pour la femme de chambre, mais elle s'exécuta.
Notre mère satisfaite, découvrit deux dents d'or, ce que,
dans notre candeur, nous prîmes immédiatement pour un
sourire à notre adresse. Enthousiasmés, nous nous préci-
pitâmes, dans ses jambes à la portière. "Allez-vous me lais-
ser descendre, oui !" Nous écarter d'elle à ce moment nous
eût semblé sacrilège. Madame Rezeau dut le comprendre
et, pour couper court à toutes effusions, lança rapidement
à droite, puis à gauche, ses mains gantées. Nous nous
retrouvâmes par terre, giflés avec une force et une préci-
sion qui dénotaient beaucoup d'entraînement. [...] Notre
mère fut baptisée "Folcoche". Folcoche est une contraction
d'un mot de Frédie, qui cria après sa mère : "La folle ! La
cochonne !" Et il rebaptisa notre mère Folcoche. Nous ne
la connaîtrons plus que sous ce nom. »

Bien sûr, la Folcoche de Bazin est à l'exact opposé
de la « mère juive », qui ne va pas tarder à apparaître : ce
n'est pas son angoisse et son trop-plein d'attention qu'elle
déverse sur l'enfant, c'est sa haine. Toutefois, les deux
figures participent de la même veine : un assaut générali-
sé des fils contre la statue maternelle. La question de la
« mère juive » dépasserait-elle une problématique propre à
la judéité pour prendre place et sens dans un mouvement
et un dispositif plus large de stigmatisation ? Nous voici
désormais conduits sur une nouvelle piste.

D'évidence, l'attaque réglée contre les mères qu'il faut discerner derrière ces caricatures plus ou moins sympathiques n'est pas le fruit de « tireurs isolés ». Si cette dénonciation a pu s'exprimer de manière si forte et rencontrer un large écho dans l'esprit du temps, c'est qu'en vérité elle a été soutenue par un tissu intellectuel et théorique dont elle reprend les grands thèmes. Car, de fait, la stigmatisation des mères au XX\ᵉ siècle plonge plus loin que quelques plaisanteries, quelques films ou quelques romans ; pour la saisir, un retour en arrière s'impose.

« L'idéologie "familialiste", rappelle Françoise Couchard, a toujours considéré l'amour maternel comme un sentiment naturel, inhérent à l'état de femme[24]. » Ce sentiment, on le connaît : c'est le fameux « instinct maternel », réputé infaillible... Les travaux d'Elisabeth Badinter, notamment dans *L'Amour en plus*[25], se sont attachés à le décrire, en montrant la complexité de cet affect et des normes socioculturelles auxquelles il se rattache, pour conclure qu'il n'est qu'une construction sociale commode.

La réalité, pendant longtemps, a été fort différente. Les femmes vivaient dans un statut d'infériorité ; le « devoir conjugal » était une obligation imposée. Nombreuses étaient les femmes qui mouraient en couches ou se remettaient mal d'accouchements trop rapprochés, d'infections répétées. Les familles étaient constituées de nom-

---

24. Françoise Couchard, *Emprise et violence maternelles*, Dunod, 1991.
25. Elisabeth Badinter, *L'Amour en plus*, Flammarion, 1980.

breux enfants dont la plupart ne survivaient pas. L'historien Edward Shorter a analysé les charges économiques que représentait chaque nouvelle naissance : l'abandon d'une nouvelle bouche à nourrir était souvent une tentation sérieuse[26]. Sentiment amoureux et sentiment maternel passaient de ce fait au second plan. Il fallait d'abord survivre.

Et pourtant, comme l'explique Françoise Couchard, jusqu'au XIXe siècle, l'image de la mère restait vénérée. Une brèche apparaît qui rend possible de dissocier l'état de maternité et celui de féminité. « Jusque-là, la femme n'existait pas en dehors de ses statuts d'épouse et de mère. [...] La femme prétend aujourd'hui embrasser tous les statuts à la fois, femme, amante et mère. Est-ce cette suprématie qui attire sur elle les foudres de tous ? » La notion de « mauvaise mère » était née.

C'est dans ce contexte qu'au début du XXe siècle la psychologie prend son essor. Sigmund Freud thématise la notion d'inconscient et, s'appuyant sur elle, élabore une nouvelle discipline : la psychanalyse. Le concept freudien d'appareil psychique vise à comprendre le fonctionnement mental individuel ; sur cette base, Freud développe des idées révolutionnaires, parmi lesquelles l'hypothèse d'une sexualité infantile, dont le fameux « complexe d'Œdipe » représente un concept clé.

À sa suite, Melanie Klein étudie le développement de l'enfant, en se penchant particulièrement sur les

---

26. Edward Shorter, *Le Corps des femmes*, Seuil, 1984.

interactions précoces mère/enfant ; elle s'attachera à décrire les pulsions des nourrissons vis-à-vis du corps maternel. Sur le même thème, un grand nombre de psychanalystes développeront rapidement différentes thèses. Parmi eux, Hélène Deutsch s'efforce de mettre au jour la relation d'emprise maternelle et décèle que certaines mères semblent incapables de laisser le moindre espace physique et psychique entre elles et leur enfant, suscitant ainsi des angoisses d'effraction et de séparation.

Donald Winnicott introduit des concepts novateurs qui enrichissent l'analyse : la notion d'« objet transitionnel » lui permet ainsi d'expliquer la difficulté du jeune enfant à se séparer de sa mère. En définissant « la préoccupation maternelle primaire », il montre comment l'enfant est l'objet de toutes les attentions de la mère : celle-ci, dans les premiers mois qui suivent la naissance de son enfant, est complètement focalisée sur lui, très réactive au moindre de ses besoins[27].

Toutes ces recherches contribuent à affirmer l'idée, chez une majorité de psychologues et de psychanalystes, que la mère est exclusivement responsable du développement de son enfant. Et donc, par là même, de ses troubles et de ses symptômes.

La notion de « mère schizophrénogène » est introduite par Frieda Fromm-Reichmann en 1948 : elle vise à

---

27. Donald Winnicott, *De la pédiatrie à la psychanalyse*, Payot, 1969.

décrire des mères froides, dominatrices, rejetantes, possessives, culpabilisantes. La présence d'un père passif, détaché et impuissant renforcerait chez le fils un sentiment de confusion, propice à terme au développement d'une symptomatologie schizophrénique[28].

Dès lors, l'idée de la mère responsable de tous les maux de son enfant – de l'autisme à l'homosexualité, en passant par la délinquance et de nombreuses autres pathologies – se développe et entre dans la croyance populaire. Au sein de la psychologie, la culpabilisation des mères n'aura de cesse ; Lacan introduira la notion de ravage, pour insister sur le potentiel pathogène des mères ; de nombreux psychanalystes abonderont dans ce sens. Caplan et Hall-McCorquale, étudiant la littérature clinique de neuf principales revues de psychologie ou de psychiatrie, prétendent ainsi montrer que les mères sont les responsables exclusives de soixante-douze sortes de pathologies.

Une autre voie de recherche s'est toutefois, entretemps, révélée ; il faut pour cela rendre hommage à Nathan Ackerman qui publie aux États-Unis, en 1938, un article intitulé « La famille, unité sociale et émotionnelle[29] ». Il ouvrira la voie aux prises en charge familiales. Dès 1940, Ackerman travaille avec les familles (parents et enfants) ; en 1960, il crée le premier centre de thérapie

---

28. Frieda Fromm-Reichmann, « Notes on the development of treatment of schizophrenia by psychoanalytic psychotherapy », *Psychiatry*, 1948, n° 11, p. 263-273.
29. Nathan Ackerman, « The unity of family », *Archives of Pediatrics*, 1938, n° 55, p. 51-62.

familiale à New York. En fait, dès le début du XXᵉ siècle, la famille devient objet d'étude : mais, si elle représente le creuset de la construction de la personnalité des enfants, elle n'est pas encore étudiée dans son ensemble, dans ses interactions. Il faudra attendre les années 1950 pour voir éclore les premiers travaux en ce sens.

C'est à Palo Alto, au Mental Research Institute, que seront publiés les travaux passionnants menés sur la communication par Watzlawick et son équipe à partir des publications de Gregory Bateson[30].

Les recherches les plus fécondes en ce domaine (effectuées dans les années 1956-1960) et qui seront à l'origine des thérapies familiales systémiques empruntent une méthodologie radicalement différente de celles usitées jusqu'alors en psychologie. Elles prennent en effet pour objet la communication. La famille est considérée comme un système, qui se régule au moyen de règles qui lui sont propres ; son mode de communication est fait de messages verbaux et non verbaux. Elle évolue au cours de son cycle de vie, parcourant les étapes naturelles du développement.

Étudiant des patients schizophrènes, Gregory Bateson, connu auparavant pour ses travaux en anthropologie, publie un article important dans le champ de la psychiatrie. Il y élabore la théorie du double lien (*double bind*), qui entend décrire certains modes de communica-

---

30. Gregory Bateson, *Pour une écologie de l'esprit*, Seuil, 1977.

tion pathologique retrouvés dans des familles. Une célèbre blague illustre cette communication pathologique... Et ce qui nous intéresse encore plus est le fait qu'elle soit souvent racontée comme étant une blague juive, mettant en scène la fameuse « mère juive ». (On en retrouve d'ailleurs une version dans le livre de Greenburg.)

Une mère (juive) achète deux cravates à son fils, une rouge et une bleue. Le premier jour, il met la cravate rouge. La mère s'étonne : « Tu n'aimes pas la cravate bleue ? » Le lendemain, le fils arbore la cravate bleue. La mère réagit : « Tu n'aimes pas la cravate rouge ? » Le troisième jour, le fils met les deux cravates. « Mais tu es complètement fou, mon fils », réagit la mère.

Dans un contexte de lien affectif intense, l'enfant se retrouve ainsi prisonnier d'une injonction contradictoire, qu'il ne pourra résoudre qu'à travers des symptômes. Conclusion : la mère est encore à la source du problème...

Changement de perspective

Aujourd'hui, qu'en est-il ? Du côté de la psychanalyse, les schémas ont grandement évolué. On a ainsi reconnu que, comme pour l'ensemble des problématiques traitées, la plupart des travaux psychanalytiques consacrés aux mères et aux interactions maternelles précoces ont été, longtemps, largement empreints d'une vision masculine. Les événements de mai 1968 et les revendications féministes ont contribué à ouvrir un débat sur ce sujet.

La littérature psychanalytique abonde en ce qui concerne l'instinct maternel, les liens d'attachement, les interactions précoces. Ces descriptions ont fourni un éclairage fort sur le lien mère/enfant et ont pointé à juste titre le fait que le devenir de la personne dépend de la qualité du lien établi pendant la première enfance. Mais le regard s'est aussi déplacé vers d'autres interactions, à d'autres étapes de la vie. Le lien mère/fils fait aujourd'hui l'objet de peu d'ouvrages[31] ; le lien mère/fille est mis plus en valeur qu'il ne l'a été, notamment grâce à Aldo Naouri ou à Caroline Eliacheff[32] ; quant aux relations avec le père, il faudra sans doute attendre encore pour qu'elles soient réellement étudiées – à l'exception notable des travaux d'Aldo Naouri, de Guy Corneau ou de Jean Le Camus[33].

De son côté, l'approche systémique de Palo Alto, à la suite des travaux de Gregory Bateson, a ouvert la voie à un champ de réflexion radicalement neuf. Les concepts systémiques utilisés par l'équipe de Bateson seront complétés notamment par les travaux d'Ivan

---

31. Alain Braconnier, *Mère et Fils*, Odile Jacob, 2005.
32. Aldo Naouri, *Les Filles et leurs mères*, Odile Jacob, 1998 ; Caroline Eliacheff et Nathalie Heinich, *Mères-filles*, Albin Michel, 2003.
33. Aldo Naouri, *Les Pères et les Mères*, Odile Jacob, 2004 ; *Une place pour le père*, Seuil, 1985 ; Guy Corneau, *Père manquant, fils manqué*, Éditions de l'Homme, 2004 ; Jean Le Camus, *Le Vrai Rôle du père*, Odile Jacob, 2000 ; *Comment être père aujourd'hui*, Odile Jacob, 2005.

Borszomenyi-Nagy ou de Murray Bowen[34] ; ils ouvriront la voie à l'approche transgénérationnelle. Selon cette approche, le système familial est avant tout un ensemble de relations qui relèvent de la communication ; c'est une unité où se retrouvent toutes les projections familiales créées au travers des générations ; pouvoirs et secrets de famille, loyautés et représentations s'y côtoient et dessinent des schémas complexes[35].

Ces recherches ont énormément apporté aux thérapies familiales, parce qu'elles ont permis de reconsidérer les difficultés familiales dans leur globalité et d'éviter ainsi de stigmatiser un rôle spécifique qui, dans une famille, serait responsable de difficultés, voire susceptible de créer des symptômes. L'individu interagit avec l'un ou l'autre des parents, mais aussi avec ses frères et sœurs, et ce qui lui est transmis de l'histoire transgénérationnelle. Comprendre une situation familiale demande une analyse du système à un moment donné et à travers le temps afin d'examiner les répétitions, la place des parents, le rôle de la fratrie dans l'histoire familiale. Tous ces paramètres permettent d'éclairer une pathologie – sans stigmatiser les mères... Il n'y a plus un coupable par lequel tout le mal arriverait !

---

34. Ivan Boszormenyi-Nagy et Geraldine M. Spark, *Invisible Loyalties*, Harper and Row, 1973 ; Murray Bowen, *La Différenciation du soi*, ESF, 1984.
35. À signaler, dans le champ psychanalytique français, les ouvrages de Geneviève Delaisi de Parseval, qui témoignent d'une préoccupation voisine : *La Part du père* (Seuil, 1981), *La Part de la mère* (Odile Jacob, 1997), *Le Roman familial d'Isadora D.* (Odile Jacob, 2002).

Car la dyade mère-enfant est relue différemment. Le père peut y prendre place : à travers son absence, on pourra, par exemple, déceler une disqualification par la mère. Réciproquement, l'opposition de la mère et des enfants évoquera l'action ou l'absence de réaction du père. De nouveaux personnages encore ont vu leur rôle réévalué, tels les frères et les sœurs, mais aussi les grands-parents, dont on comprend désormais qu'ils sont des acteurs importants de la vie familiale et des inter-actions précoces.

Chaque famille, chaque système témoigne d'attentes spécifiques, construites au fil des générations. Cette nouvelle approche se révèle apte à donner le jour à des schémas de compréhensions riches, en prise avec les spécifi-cités de chaque histoire. La lecture à plusieurs niveaux qu'elle suscite oblige à réfléchir différemment, en pre-nant mieux en compte les spécificités socioculturelles, par exemple. Chaque famille traverse le monde avec un héritage propre. C'est à travers lui qu'elle se confronte à des réalités, des valeurs qu'il lui faut assumer. Comment alors comparer une famille juive de Vienne au début du siècle avec une famille juive de Shanghai ou une famille juive installée au Maroc ? Comment peuvent évoluer ces familles ? Comment se recomposent aujourd'hui des sys-tèmes qui intègrent, avec plus ou moins de bonheur, dif-férentes origines ethniques, différentes religions ?

Impossible, dès lors, de penser que notre « mère juive » soit une entité monolithique. Impossible de la tenir, à grande échelle thérapeutique, pour un concept viable et fiable. De cela, à vrai dire, on se doutait un peu. Quel rapport, par exemple, entre la « mère juive » de Woody Allen et celle d'Albert Cohen, que ce dernier dépeint dans son magnifique *Livre de ma mère* ?

> « *Cette femme, qui avait été jeune et jolie, était une fille de la loi de Moïse, de la Loi morale qui avait pour elle plus d'importance que Dieu. Donc, pas d'amours amoureuses, pas de blagues à l'Anna Karénine. Un mari, un fils à guider et à servir avec une humble majesté. Elle ne s'était pas mariée par amour. On l'avait mariée et elle avait docilement accepté. Et l'amour biblique était né, si différent de mes occidentales passions. Le saint amour de ma mère était né dans le mariage, avait crû avec la naissance du bébé que je fus, s'était épanoui dans l'alliance avec son cher mari contre la vie méchante.*
> « *Amour de ma mère, à nul autre pareil.*
> *– Elle perdait tout jugement,*
> *– quand il s'agissait de son fils.*
> *– Elle acceptait tout de moi,*
> *– possédait du génie divin qui divinise l'aimé,*
> *– le pauvre aimé si peu divin*[36]. »

Alors, « juive » ou tout simplement mère, celle à qui vaut le discours de ce fils ?

Et Romain Gary, dans son merveilleux ouvrage *La Promesse de l'aube*, donne son témoignage de l'abnégation de sa mère :

---

36. Albert Cohen, *Le Livre de ma mère*, Gallimard, 1954.

« *À l'Hôtel-Pension Mermonts où je fis arrêter la jeep, il n'y avait personne pour m'accueillir. On y avait vaguement entendu parler de ma mère, mais on ne la connaissait pas. Mes amis étaient dispersés. Il me fallut plusieurs heures pour connaître la vérité. Ma mère était morte trois ans et demi auparavant, quelques mois après mon départ pour l'Angleterre.*

« *Mais elle savait bien que je ne pouvais pas tenir debout sans me sentir soutenu par elle et elle avait pris ses précautions.*

« *Au cours des derniers jours qui avaient précédé sa mort, elle avait écrit près de deux cent cinquante lettres, qu'elle avait fait parvenir à son amie en Suisse. Je ne devais pas savoir – les lettres devaient m'être expédiées régulièrement – c'était cela, sans doute, qu'elle combinait avec amour, lorsque j'avais saisi cette expression de ruse dans son regard, à la clinique Saint-Antoine, où j'étais venu la voir pour la dernière fois.*

« *Je continuai donc à recevoir de ma mère la force et le courage qu'il me fallait pour persévérer, alors qu'elle était morte depuis plus de trois ans.*

« *Le cordon ombilical avait continué à fonctionner*[37]. »

Sylvie Angel

---

37. Romain Gary, *La Promesse de l'aube*, Gallimard, 1960.

II

TOUTES LES MÈRES,
DES « MÈRES JUIVES » ?

Ainsi donc, à en croire l'enquête de Sylvie Angel, la « mère juive » parlerait depuis déjà des lustres à chacun. Elle serait même arrivée à si bien parler qu'on s'attendrait à ce que nul ne se sente gêné de disserter sur ce qu'elle évoque pour lui, assuré qu'il serait d'avoir depuis longtemps repéré le contenu du syntagme qui la résume, qui a eu et qui continue d'avoir la vie belle.

Et pourtant !

La mère que j'ai eue était juive, celle de mes enfants l'est aussi ; bien d'autres dans mon entourage immédiat le sont également ; et, au cours de ma longue carrière de pédiatre, j'en ai évidemment rencontré d'autres encore, par centaines sans doute. Le fait que toutes ces femmes aient été ou soient juives, assumant souvent cette caractéristique, la subissant parfois et la revendiquant rarement, fait-il automatiquement d'elles ce que chacun croit pouvoir entendre derrière l'expression censée communément les désigner ?

La « mère juive », une réalité ?

Pour tenter d'éclairer le débat, j'ai procédé à une enquête informelle dans mon entourage immédiat et plus large, histoire de cerner les caractéristiques censées être spécifiques de cette fameuse « mère juive », si tant est qu'elle existe. Les personnes que j'ai interrogées, juives ou pas, hommes ou femmes, n'ont été ni choquées ni étonnées de ma question. Elles y ont répondu sans hésiter comme si elles avaient, sinon une connaissance intime du sujet, du moins une intuition de qualité. J'ai classé moi-même les réponses, qui se recoupaient souvent, dans un ordre qui m'a paru aller du moins spécifique au plus insistant. Le catalogue que j'ai ainsi dressé – et qu'a déjà cité Sylvie Angel – ne m'a cependant pas semblé exhaustif. La « mère juive » serait fortement impliquée dans son rôle, particulièrement aimante, dévouée, infatigable, débrouillarde, ingénieuse, héroïque, la tripe à l'air, prête au sacrifice, hantée par le sens de ce sacrifice mis toujours en avant, pourvue d'un don divinatoire, sorcière, pleine de contradictions, assumant sans l'ombre d'une gêne sa mauvaise foi, manipulatrice, possessive, exigeante, intraitable, obstinée, extravagante, excessive, se mêlant de tout, voulant toujours avoir le dernier mot, focalisée sur la nourriture et la sécurité, angoissée et angoissante, dépourvue du moindre sens de la mesure, seulement préoccupée de ses enfants, faisant passer ses enfants avant toute chose, bien plus mère que femme ou épouse, etc.

Toutefois, je ne crois pas devoir accorder au recueil de tels indices, quelque longue qu'en soit la liste, la moindre valeur ; car j'ai rencontré au cours de ma carrière de pédiatre quantité de mères non juives auxquelles ils pouvaient intégralement s'appliquer... tout comme j'ai rencontré des mères juives auxquelles ils ne le pouvaient absolument pas.

Cette recension a néanmoins eu pour mérite de me pousser à associer son écriture à un cas susceptible de l'illustrer tant il est caricatural.

Ma secrétaire dont le bureau jouxtait la salle d'attente de mon cabinet avait développé, depuis le temps qu'elle était à mon service, une certaine oreille. Ainsi lui arrivait-il de me rapporter parfois les propos qu'elle avait recueillis parce qu'ils lui avaient semblé édifiants et susceptibles de m'intéresser. C'était sa marotte. Ce jour-là, elle m'a pris à part pour me raconter par le menu le violent échange qu'elle avait surpris – elle ne pouvait pas ne pas l'avoir entendu – entre une mère et son enfant de cinq ans. La mère hurlait littéralement à son fils : « Mets-toi bien ça dans la tête : un jour, je te tuerai. Je vais te tuer, quitte à aller en prison pour le restant de mes jours. Je vais te tuer, et je serai débarrassée de toi. Je n'aurai plus à te demander de manger. Je n'aurai plus à souffrir de te voir refuser tout ce que je te propose. Tu vas le manger, dis, ce yaourt ! Je ne l'ai pas transporté jusqu'ici pour rien ! » L'enfant lui répondait qu'il s'en fichait de mourir et que,

*de toutes les façons, il n'avait jamais faim. L'altercation
se serait prolongée sur le même mode un certain temps
sans que l'enfant n'ait cédé.*

*Quand j'ai ouvert la porte de la salle d'attente pour les
inviter à me suivre, elle est sortie la première, tout sourire, gratifiant ostensiblement son rejeton d'une caresse
sur la tête. Je la connaissais depuis des années. Ambiva-
lente, tortueuse, manipulatrice, pétrie de contradictions et
de mauvaise foi, sourde à tout propos qui n'allait pas
dans le sens de ses convictions. C'était la reine du zap-
ping ! Quels que soient mes conseils, mes prescriptions
ou mes ficelles techniques, elle ne retenait que ce qui
l'arrangeait, et je n'étais toujours pas parvenu à lui faire
changer d'attitude. C'est d'ailleurs ce qui pouvait expliquer son investissement à mon endroit – paradoxalement,
certaines personnes tiennent en effet plus à la personne
qu'elles mettent en échec qu'à celle qui les fait progresser.
Son fils n'allait au demeurant pas si mal que cela. Avait-
il tiré quelque parti de nos altercations ? Il était en tout
cas parvenu à développer une stratégie défensive de qualité,
comme en témoignait la scène qui m'avait été rapportée.*

*Il avait environ un an quand elle me l'a amené pour la pre-
mière fois en me déclarant tout de go, sur un mode rageur
et grandiloquent : « Docteur, il ne mange rien ! » Sa plainte
était d'autant plus frappante que son enfant était relative-
ment replet alors qu'elle était, elle, pas seulement filiforme,
mais très maigre, comme le demeurent longtemps les
anciennes anorexiques. Elle ne travaillait pas. Quant au
père de son fils, il tenait… un restaurant avec sa propre
mère et elle se plaignait de le voir trop peu à son goût.*

*À la consultation suivante, elle est arrivée accompagnée
de son mari et d'une dame rondouillarde et gaie, qui s'est*

présentée elle-même comme la grand-mère paternelle de l'enfant, me hélant aussitôt en des termes inattendus : « Je suis venue, docteur, parce que vous pensez que c'est de ma faute si mon petit-fils est dans cet état. » Comme je lui faisais observer que je n'avais pas encore ouvert la bouche, elle me rétorqua : « Oui, mais vous pensez si fort que je vous entends. » Nous avons tous ri et nous nous sommes assis. Elle a alors entrepris de me raconter sa vie arrêtée par une tragédie : son mari, avec lequel elle tenait déjà un restaurant, avait été assassiné devant elle au cours d'un hold-up ; son fils avait un an, et elle avait décidé de lui consacrer le reste de sa vie. M'ayant donné ces détails, sur le mode surprenant auquel je n'étais pas encore parvenu à m'habituer, elle me demanda si j'aimais les histoires parce qu'elle m'en aurait volontiers conté une. Je l'engageai à poursuivre en lui confessant combien j'étais friand de toutes sortes de contes et combien j'étais impatient de l'entendre.

« C'est l'histoire, triste, me dit-elle, d'un homme qui ne savait plus comment se tirer d'une situation impossible. Il vivait avec sa femme et sa mère, et ces deux-là étaient toujours en conflit. Dès qu'il rentrait de son travail et qu'il allait saluer son épouse, cette dernière se plaignait immédiatement à lui, en termes violents, des agissements de sa mère, lui intimant l'ordre de vider la querelle en prenant son parti. Si, le soir suivant, il décidait d'aller saluer d'abord sa mère, cette dernière se répandait en propos amers sur l'attitude et les propos irrespectueux de sa bru, l'engageant à tancer cette dernière et à lui rappeler le respect qui lui était dû. Ne sachant plus comment faire, il arriva un soir dans la chambre de sa mère et lui dit : "Mère, je n'en peux plus. Ma situation est devenue invivable.

Je l'ai tournée et retournée dans tous les sens. J'ai beaucoup réfléchi. J'ai cherché une solution. Et je crois que j'en ai trouvé une, la seule qui puisse convenir. Je n'ai pas le choix, je n'ai pas d'autre choix : je dois te tuer !" Ce disant, il sortit de dessous son manteau un long couteau. Sans marquer plus de crainte que de révolte, sa mère lui rétorqua en avançant la poitrine : "Puisqu'il en est ainsi, frappe donc dans le sein qui t'a nourri." Il le fit sans hésiter et il la tua. Après quoi, il la mit dans un sac, la chargea sur une brouette et entreprit de la transporter à l'autre bout du village où il avait d'ailleurs déjà creusé sa tombe. Il se félicitait de ce qu'il faisait nuit et que la rue était déserte, quand il aperçut à quelques dizaines de mètres de là des gendarmes qui venaient dans sa direction. Il se mit soudain à trembler et à suer à grosses gouttes. Pour se donner une contenance et avoir l'air le plus naturel possible, il serra un peu plus fort les manches de la brouette. Mais il ne sut plus comment faire ni comment être quand il croisa les gendarmes. Le sac s'était en effet mis à trembler si fort qu'il en ébranlait la brouette. Il crut sa fin venue tant il était certain que le bruit allait éveiller l'attention des sbires. Mais ces derniers n'y prêtèrent aucune attention. Il fit encore quelques dizaines de mètres avant de s'arrêter. Il lâcha alors les manches de la brouette, s'épongea le front, souffla un grand coup, puis, donnant un grand coup de pied dans le sac, il dit d'un ton rageur : "Salope, même morte tu continues de me martyriser !" C'est alors qu'il entendit une voix sortant du sac lui répondre : "Excuse-moi, mon fils, je n'ai pas pu m'empêcher de trembler à l'idée que tu aurais pu être pris avec un colis aussi compromettant." »

Je n'ai plus jamais revu en consultation cette délicieuse grand-mère, venue dire, d'une façon aussi originale et aussi imagée, la mère qu'elle avait été et qu'elle resterait même après la mort. Son fils abandonna assez vite son travail dans le restaurant maternel et se trouva un travail dont les horaires convenaient mieux à son épouse.

La mère de l'enfant comme la grand-mère paternelle étaient, l'une et l'autre, juives. Pour autant, dans leurs caractéristiques respectives et dans ce qui se dégage de leurs comportements, y a-t-il quelque chose qui puisse les unir en une catégorie particulière répondant à l'étiquette « mère juive » ? La première dit à son fils qu'elle est prête à le tuer et à lui survivre pour n'avoir plus à vivre la limite de sa puissance et à le voir résister à son injonction. En revanche, par le biais de l'histoire qu'elle raconte, la seconde dit sa permanence, même si elle affirme être prête à mourir si cela pouvait aider son fils à vivre ou tout simplement à mieux vivre. On pourrait relever que, dans l'un comme dans l'autre cas, on se situe dans l'excès. Toutefois, dans ce registre, quelle pondération ou quelle mesure serait autre que de surface ?

Que conclure des pétitions de principe que défendent ces deux mères, comme chaque mère au demeurant, dès que lui en est donnée l'occasion ? Sinon que chacune d'elles est l'exécutante appliquée d'une histoire qui lui est échue, à laquelle elle ne peut se soustraire et qu'elle proroge comme elle le peut. La première, ancienne anorexique, se sent agressée par l'anorexie de son enfant sans parvenir pour autant à savoir si elle a induit cette conduite ou si elle en est la cible. La seconde a fait de son dévouement permanent le sens que devait prendre sa vie après la tragédie qu'elle a vécue.

N'est-ce pas le cas de toutes les mères sans exception, quelles que soient leur origine, leur nationalité, leur religion ou leur couleur de peau ?

Quoi de « juif » chez ces mères ?

Cependant, pour ne vraiment négliger aucun détail, certaines mères bel et bien juives, si tant est qu'on tienne à les réunir sous une étiquette commune, partagent des caractéristiques qui leur sont spécifiques, trois exactement, parce qu'elles sont d'ordre rituel. Deux d'entre elles sont assez restrictives ; une est plus générale.

Les deux premières sont la fréquentation du *mikvé* et la soumission conjoncturelle aux dispositions du *guet*. Ces deux particularités sont restrictives en ce qu'elles n'intéressent en effet que les mères juives observantes qui ne sont pas, loin s'en faut, les plus nombreuses. Même si leur importance n'est pas négligeable, elles ne me paraissent cependant pas devoir interférer de façon décisive dans les caractéristiques des mères concernées.

Le *mikvé* tire son nom de l'établissement où se prend le bain rituel. Il fonctionne comme une métonymie. Les femmes en activité sexuelle, mères ou pas, doivent en effet s'y rendre et y procéder aux immersions codifiées, sept jours après la fin de leurs règles, quelle que soit la durée de ces dernières. C'est seulement après ce bain rituel qu'elles peuvent reprendre des rapports sexuels interrompus par la survenue des menstrues. Ces rapports sont en effet interdits par le judaïsme – comme ils le sont au demeurant dans d'autres religions et d'autres cultures – tout le temps que dure l'écoulement sanglant et, par sécurité, pendant les sept jours qui suivent. Durant cette période, la femme est déclarée non pure et ne partage pas la couche de son époux ; certaines vont même jusqu'à n'avoir avec lui aucun contact physique de quelque ordre qu'il soit. Elles refusent, au demeurant, en toutes circonstances, la main qu'un homme leur tendrait pour les saluer. Précaution, discrétion ou pudeur ? Ne pourrait-on pas imaginer que la règle de politesse, qui commande à un homme de ne jamais tendre le premier la main à une femme, vienne de là ? On pourrait imaginer que cette limitation de l'activité sexuelle conduirait ces mères à investir encore plus leur maternité que leur féminité. Ce serait négliger la capacité qu'a un interdit de souligner l'importance de ce qu'il limite. Les femmes qui acceptent de parler de leur vécu de cette expérience du *mikvé* la jugent pour leur part positive en ce que, aiguisant le désir, elle s'avérerait salutaire pour leur équilibre et celui de leur couple.

Le *guet* désigne quant à lui un dispositif d'ordre juridique qui intervient au moment du divorce religieux, lequel ne peut être concédé que par l'époux à l'épouse. Cela ne signifie pas qu'une épouse ne puisse pas le demander et l'obtenir. Cette vectorisation incontournable du dispositif conjugal obéit à la logique qui préside à l'acte de mariage lui-même. Dans le judaïsme, le mariage est un contrat passé entre un homme et une femme « achetée » pour une somme symbolique que représente l'alliance nuptiale. Un tel contrat, transcrit sur un document appelé *ketouba*, comporte ce détail précis, mais surtout l'ensemble des garanties que l'homme s'engage à donner à la femme qu'il prend pour épouse, durant leur vie commune comme en cas de divorce. Le procédé du *guet* continue donc d'engager l'homme, qui doit alors s'exécuter et remplir à la lettre les termes de son contrat. Si c'est cependant l'épouse qui désire divorcer, elle le peut. Il lui suffit de saisir de sa requête le tribunal rabbinique, lequel convoque l'époux, instruit la plainte et, au cas où il établirait la pertinence des arguments de l'épouse, dispose de diverses mesures pour contraindre l'époux de cette dernière à lui « donner le *guet* », autrement dit à lui accorder le divorce qu'elle demande. Tout cela n'a évidemment rien à voir avec le divorce civil, mais n'en conserve pas moins une grande importance dans la mesure où des époux non divorcés ne peuvent pas contracter un autre mariage religieux, sous peine de voir les enfants nés de mariages ultérieurs avec des coreligionnaires être déclarés *mamzer(im)* et exclus de la communauté hébraïque.

La troisième particularité tient au fait que l'identité juive d'un individu passe par la judéité de sa mère. Cette disposition, elle aussi juridique, serait intervenue assez tard dans l'histoire du peuple juif. Elle daterait seulement de la fin du IIe siècle de notre ère et elle se serait mise en place sous l'influence des dispositions juridiques romaines – *mater certissima, pater semper incertus,* enseignait le droit romain – ainsi que pour faire obstacle au prosélytisme chrétien et à l'assimilation, comme d'autres dispositions au demeurant. Elle ne me semble pas, elle non plus, particulièrement déterminante dans la constitution du comportement de la mère juive.

La « mère juive », un mythe ?

> « On dispose de quatre preuves établissant
> que Jésus était juif :
> il a toujours cru que sa mère était vierge ;
> elle a toujours cru qu'il était Dieu ;
> il a vécu chez ses parents jusqu'à 33 ans ;
> il a repris la petite entreprise de son père
> et il en a fait une multinationale florissante. »

Au cours de conférences publiques qui m'avaient été commandées sur le sujet par des institutions cultuelles, il m'est arrivé par deux fois d'essayer de faire entendre ce que je pense de cette figure de la « mère juive », à savoir que ce n'est pas un « concept » dans la mesure où il est vide. Je ne crois pas y être parvenu et j'ai eu l'impression, chaque fois, d'avoir autant déçu mes commanditaires que mon public.

J'expliquais pourtant que ma mère, juive, pour prendre un exemple des plus simples, n'avait pas une seule caractéristique commune avec celle de mes enfants, voire avec n'importe quelle autre qui pouvait me revenir en mémoire. Il m'a été rétorqué, non sans le délicieux humour qui court autour du thème, que cette affirmation à elle seule était la preuve que ma mère avait certainement été une « mère juive » typique tant il est notoire que le fils d'une « mère juive » la prétend toujours incomparable à aucune autre ! Qu'on se reporte aux déclarations recueillies par Sylvie Angel qui entend ses amis, juifs ou pas, déclarer avoir eu des « mères juives » typiques, voire caricaturales. Tout en m'ayant fait sourire, cette ponctuation m'a conduit à répondre que j'étais suffisamment bien placé pour avoir recueilli – moi aussi – ce type d'assertion de la part de toutes les personnes, hommes ou femmes, qui m'ont parlé de leur mère. Incomparable et subjectivement unique, chacune l'est objectivement, ne pouvant renvoyer à aucune autre, juive ou pas.

Que je ne sois pas parvenu à gagner mes auditoires à mes vues ne m'a cependant pas amené à remettre en question les autres arguments que j'avais développés. Même avec le recul, ils continuent de me paraître convaincants.

S'il existait réellement un archétype de la « mère juive », ne trouverait-on pas quelques traits communs aux mères juives religieusement observantes et à celles qui sont éloignées de tout ritualisme ? Or, indépendamment des caractéristiques spécifiques dont j'ai fait état, rien, strictement rien, ne les rapproche dans leurs comportements, dans leur vécu, dans la hiérarchie de leurs valeurs ou dans l'expression de leurs préoccupations. Comment rapprocher la mère loubavitch[1] qui me demande un médicament pour la mémoire de son petit Mosché de trois ans, au motif qu'il ne parvient pas à retenir ses *michnaïot*[2], de la guère plus jeune ou plus vieille mère juive « dans le vent » qui se préoccupe seulement de savoir, elle, si la maladie de son enfant va ou non l'empêcher d'aller en week-end à Deauville ? Il y a fort à

---

1. Les juifs loubavitch sont extrêmement pratiquants, attachés au respect méticuleux de tous les commandements et de toutes les coutumes. Le fait que le rabbi Schnéor Zalman, qui a fondé le mouvement à la fin du XVIIIe siècle dans le sillage du hassidisme, ait été ashkénaze et que les membres aient longtemps été seulement des ashkénazes n'a pas empêché les sépharades de les rejoindre en nombre de nos jours. Voir par exemple Jacques Gutwirth, *La Renaissance du hassidisme*, Odile Jacob, 2004.

2. Proposition centrale d'une page de Talmud, autour de laquelle s'organisent les commentaires. Le Talmud est un recueil, écrit en style télégraphique, des commentaires du texte thoraïque émis par diverses autorités rabbiniques entre – 300 et + 500 de notre ère, augmenté de ceux de Rachi et de ses gendres, qui vécurent à Troyes, dans l'Aube, au XIe siècle. Il est le support d'un enseignement (c'est le sens même du mot *almud*) oral transmis de maîtres à élèves. Il en existe deux, dits respectivement Talmud de Babylone et Talmud de Jérusalem. Le Talmud de Babylone, le plus étudié, comporte, selon les éditions, de 12 à 20 volumes totalisant 5 366 pages et divisé en 37 traités centrés sur six ordres de préoccupations.

parier que, si on demandait à la première ce qu'elle pense de la seconde, elle se garderait de répondre, son inscription dans la foi lui interdisant de porter le moindre jugement sur qui que ce soit ; quant à la seconde, elle n'hésiterait certainement pas à se défendre de la moindre proximité avec une personne dont elle exprimerait sans hésitation le rejet et sur laquelle elle pourrait même porter un jugement sévère, sinon méprisant.

S'il existait réellement un modèle typique de « mère juive », ne trouverait-on pas quelques traits communs aux mères séfarades et aux mères ashkénazes, si différentes les unes des autres, comme le sont en règle générale leurs groupes d'appartenance ?

L'appellation séfarade qui, en hébreu, signifie « espagnol » désigne, uniformément et de manière abusive, les juifs originaires de l'Espagne d'après la Reconquista (1492) comme ceux du Bassin méditerranéen et du Moyen-Orient, qu'ils soient issus ou non des premiers mouvements diasporiques. On retrouve des séfarades aussi bien en Amérique latine, aux États-Unis, au Canada, en Hollande, en Belgique, en Angleterre, dans les pays nordiques, que dans les Balkans, en Turquie ou en Inde.

On confond sous l'appellation ashkénaze, qui signifie « allemand » en hébreu, l'ensemble des juifs européens, qu'ils soient polonais, russes, lettons, scandinaves, voire français. On retrouve bien évidemment des ashkénazes en Amérique du Nord et du Sud, comme en Australie ou à Hong-Kong.

C'est dire combien la division, admise et reconnue comme telle au sein du peuple juif, n'obéit à aucun repérage géographique. Si elle repose sur des particularités rituelles qui vont de la différence de prononciation de la langue hébraïque à l'organisation des offices, elle n'entraîne pas de différences radicales dans le rapport au judaïsme. Il ne s'agit, somme toute, dans l'une ou l'autre des communautés, que de la greffe de coutumes locales sur un corpus de rituels à peu de chose près identiques. Par exemple, si tout individu est toujours nommé comme enfant de son père sa vie durant, il le reste au moment de ses funérailles chez les ashkénazes, alors qu'il est désigné, à cette seule occasion, chez les séfarades comme enfant de sa mère. De même en a-t-il été de la pratique de la polygamie : abandonnée depuis longtemps dans les communautés ashkénazes, elle a fait l'objet d'un édit rabbinique émanant du Rav Ghershon, l'interdisant dès l'an mil et pour mille ans. Les séfarades ne se sont cependant pas sentis concernés par cette disposition et ils ont continué, jusqu'à une période encore récente, de prendre plusieurs épouses dans les pays de l'aire arabo-islamique où ils résidaient et où cette pratique était légalement admise.

Le rapport des ashkénazes et des séfarades à l'humour est encore une caractéristique différentielle. Car, si les uns et les autres le goûtent suffisamment pour ne pas cesser de s'y adonner, ce qu'on appelle communément '« humour juif » est ashkénaze, l'humour séfarade n'ayant rien qui puisse le différencier de l'humour arabe, pour les populations ayant vécu en milieu arabo-musulman, ou de l'humour environnant pour les populations des autres contrées. J'ai personnellement expérimenté et constaté le fait sans avoir jamais rien lu qui me donnât l'explication de ces différences. Cela viendrait-il d'une plus grande dispersion des communautés dans l'espace séfarade ou de leur long statut de *dhimmitude*[3] ? Je ne saurais décemment le soutenir. Mais, à constater l'éclosion récente de l'humour de certains jeunes humoristes séfarades, j'en viens à me demander si cette éclosion ne serait pas l'effet d'une plus grande liberté d'expression – que ne permettait pas la *dhimmitude* – sur fond d'un exil récent susceptible de convoquer et de souligner un certain exotisme.

Si cette division ashkénazes/séfarades pouvait être néanmoins clairement et précisément définie, chacun finirait sans doute par trouver le moyen de s'y repérer et

---

3. Les pays arabo-musulmans ont toujours toléré en leur sein les populations dites « du Livre », c'est-à-dire des populations juives et chrétiennes. Ils ont néanmoins restreint les droits des individus qui les composaient en en faisant des citoyens de seconde zone qui devaient payer un impôt spécial et, en fonction des pays, au comportement desquels étaient mises quantité de restrictions. Cela n'est bien sûr pas sans rappeler le sort qu'ont connu les juifs dans bien des pays d'Europe. La conséquence de ces dispositions n'a cependant pas été la même dans les différentes aires. La preuve en est qu'il n'y a jamais eu, dans l'aire arabo-islamique, des bourgades entièrement peuplées de juifs comme cela fut le cas en Pologne, en Ukraine, en Biélorussie, en Moldavie, etc. Je me demande du coup si ce ne sont pas ces regroupements en aire ashkénaze qui auraient produit la naissance d'un humour spécifique et permis son développement.

de la dépasser. Mais c'est loin d'être le cas, et les différences et les oppositions demeurent encore fortes.

En Bessarabie, et plus particulièrement à Kichinev où elles cohabitaient l'une et l'autre depuis pourtant longtemps, la forte communauté juive ashkénaze demeurait obstinément à distance respectable de la non moins forte communauté séfarade qui le lui rendait bien. L'une comme l'autre comportait de surcroît en son sein différents clans, eux-mêmes dessinés par une appartenance à des origines géographiques plus anciennes.

Les juifs des vieilles communautés séfarades anglaises, issues de l'émigration espagnole après 1492, ressemblent, à tous points de vue, bien plus aux Anglais de souche qu'aux ashkénazes dont les familles ne se sont implantées sur le sol britannique que depuis la seconde moitié du XIXᵉ siècle – implantation qui n'a pas été sans poser nombre de problèmes, comme en témoignent les ouvrages d'Israël Zangwill. Les mariages entre membres de ces communautés continuent au demeurant de ne pas être vus d'un bon œil et il n'est pas jusqu'aux cimetières où ne se marquent des différences sensibles.

Il en va d'ailleurs de même en Hollande et en Belgique. Et cela se comprend si on se reporte à l'histoire, édifiante à cet égard, des migrations juives. En effet, quantité de témoignages décrivent le rejet par les communautés juives allemandes de la migration des juifs de l'Est fuyant les pogroms ukrainiens et russes, toutes ces communautés étant pourtant ashkénazes. Et on peut ne pas s'arrêter là. Car combien souvent n'ai-je pas entendu, moi-même, des juifs russes se récrier quand on les prenait pour des juifs polonais, roumains ou lituaniens, et *vice versa* ; et de même encore chez les juifs allemands, autrichiens, hongrois, danois ou autres. Même phénomène dans les communautés séfarades : n'allez surtout pas prendre pour un juif marocain un juif tunisien, égyptien ou, pire encore, algérien ; il se sentirait insulté ! Et ne vous commettez pas à prendre un juif de l'Ouest algérien pour un juif de l'Est, l'insulte serait aussi grave. Comme si le territoire d'origine, si précis soit-il, importait plus à chacun de ces représentants que sa communauté générale d'appartenance, qu'elle soit ashkénaze ou séfarade. Avec néanmoins cette légère et amusante nuance : on trouvera toujours une forme de solidarité ashkénaze pour stigmatiser les séfarades, comme on verra la même solidarité séfarade pour contrer les ashkénazes, les uns et les autres revendiquant ensemble la même identité juive, le tout fréquemment assorti d'une indubitable tendresse dans les propos. Ce qu'illustrent encore des blagues ! « Quels sont les meilleurs amis des juifs ? Les ashkénazes, bien sûr ! » Et que dire du sort de cette malheureuse jeune fille qui a attendu vainement une réponse à une annonce matrimoniale dans laquelle elle disait désirer rencontrer un ashkénaze optimiste à défaut d'un séfarade cultivé ou d'un Israélien poli !

Les « mères juives » qui sont étroitement incluses dans leurs communautés respectives adhèrent, quand elles ne le forgent pas elles-mêmes, à l'état d'esprit de ces communautés et se trouvent donc parfois dans des positions strictement inconciliables.

Je n'insisterai pas sur les particularités de leurs cuisines. Elles sont tellement différentes qu'on peut se demander ce qui, en dehors des lois de la *cachrout*[4], que les unes et les autres peuvent ou non respecter, pourrait en quelque façon les unir. La mère séfarade de nos régions, qui épice sa cuisine, est bien plus proche à cet égard de la mère arabe, corse, napolitaine, grecque ou méditerranéenne en général, que de la mère ashkénaze. Et cette dernière est bien plus proche de la mère européenne, en particulier de l'Est et du Nord, que de la mère séfarade. Il n'est pas jusqu'aux plats rituels du shabbat qui ne diffèrent radicalement : *dafina* ou *tfina* (enterrée) chez les unes, *shulent* (dérivé de « chaud lent ») chez les autres, qui traduisent la technique d'obtention d'un plat chaud pour le shabbat midi. Comment d'ailleurs ne différeraient-ils pas quand la confection de ces recettes est étroitement liée à l'approvisionnement local ? La carpe farcie ashkénaze du vendredi soir, assurant l'apport protéique alimentaire, relève des ressources poissonnières des lacs environnants, alors que le couscous-boulettes des communautés séfarades orientales, destiné à remplir le même office, a emprunté aux ressources des pays qui ont longtemps été des greniers à blé.

_____

4. Ensemble des prescriptions alimentaires rigoureuses concernant la viande, les laitages, les produits de la mer et l'usage de la vaisselle.

On peut continuer d'égrener pêle-mêle d'autres différences.

La mère séfarade, comme l'ensemble des mères méditerranéennes partageant une culture dans laquelle prévaut la patrilocalité[5], investit en général son fils chez lequel elle envisagerait volontiers de finir sa vie. À l'inverse, la mère ashkénaze, comme les mères européennes, investit en général sa fille auprès de laquelle elle trouverait naturel de couler ses vieux jours.

On peut imaginer, à partir de là, la différence de destin et d'entente d'un couple composé d'un homme ashkénaze et d'une femme séfarade avec leurs familles respectives, et d'un autre couple fait d'un homme séfarade et d'une femme ashkénaze. Le premier jouirait d'une certaine liberté, dont l'épouse pourrait même se plaindre en la prenant pour du désintérêt ; le second aurait en revanche une vie d'enfer à être tiraillé entre deux pôles maternels aussi envahissants et possessifs l'un que l'autre. Si on ajoute à cela le facteur lié à l'observance, on mesurera plus encore la complexité du problème.

Si on s'éloigne de notre environnement immédiat et qu'on cherche à voir ce qui se passe ailleurs, que ce soit dans les différentes communautés séfarades ou dans les communautés ashkénazes, on notera encore nombre de différences.

---

5. On désigne par ce terme le fait que, lorsqu'un couple se constitue, il est agrégé à la famille d'origine de l'homme.

La colonisation de l'Algérie et la présence française dans les protectorats qu'ont été le Maroc et la Tunisie ont produit dans la mentalité des populations juives de ces pays des effets proportionnés au degré de leur assimilation. Si la patrilocalité est demeurée de mise en Tunisie et surtout au Maroc, les couples qui se formaient s'intégrant à la famille de l'époux, elle a laissé place à la matrilocalité[6] dans les populations des grandes villes algériennes. Les populations juives algériennes, ayant acquis la nationalité française en 1870 à la suite du décret Crémieux, n'avaient pas, du moins pour une frange d'entre elles, assez de mépris pour leurs coreligionnaires moins assimilés : un homme marocain, tunisien ou même des Territoires du Sud (on désignait ainsi, à l'époque, la partie saharienne de l'Algérie) avait peu de chance de nouer une union avec une femme algérienne. Et, si tant est que sa situation de fortune, ou son prestige personnel, lui apportât un argument compensatoire, cela ne le préservait en aucune façon de la condescendance dans laquelle, sa vie entière, il était tenu par sa belle-famille comme par son épouse. Au sein même de ces communautés séfarades, on trouvait donc, et on continue d'ailleurs de trouver, les oppositions générales que j'ai signalées entre les univers ashkénaze et séfarade.

---

6. C'est le contraire de la patrilocalité : le couple qui se constitue doit s'agréger à la famille d'origine de la femme.

Une illustration de ces différences nous est d'ailleurs fournie par ce que nous ont raconté de leur enfance deux écrivains célèbres.

Si, par exemple, la mère d'Albert Cohen[7] est bien une mère séfarade de type classique pourrait-on dire, elle diffère radicalement de celle d'Elias Canetti, pourtant également séfarade[8]. La première a vécu en milieu méditerranéen et s'est entièrement dévouée à son fils, à la manière des mères méditerranéennes ; elle a cuisiné pour lui sur un mode dont les parfums envahissent les pages du beau livre qu'il lui a consacré. Si la seconde est tout aussi parfaitement campée que la précédente dans des écrits pratiquement vides de référence culinaire, c'est bien plus comme un personnage brillant, impressionnant, dynamique et distant que comme une mère dévolue à l'entretien de son intérieur et au seul bien-être de son enfant ; ayant évolué dans les différentes provinces de l'empire austro-hongrois, elle semble avoir été plus proche de ses voisines de l'époque, les mères allemandes ou les mères ashkénazes allemandes.

Ce n'est d'ailleurs pas un hasard si mon catalogue passe sous silence les « mères juives », toutes origines confondues, qui vivent en Israël. Les mères israéliennes, ashkénazes ou séfarades, m'ont toujours paru, dans l'expérience que j'en ai eue, être d'abord et avant tout

---

7. Voir *Le Livre de ma mère*, *op. cit.*
8. Voir *Histoire d'une jeunesse. La langue sauvée*, Albin Michel, 1978.

des mères israéliennes, c'est-à-dire une catégorie encore à part et même tout à fait à part, pour ne pas dire inclassable. Elles sont en effet centrées sur leur enfant, et uniquement sur lui, avec au demeurant l'aval de leur compagnon, et s'évertuent à le satisfaire à chaque instant de son existence. Comme si, enseignées par l'insécurité chronique et l'intolérable état de guerre permanent de leur milieu de vie, elles voulaient lui donner par avance tout le bonheur possible, pour le cas où son incorporation ultérieure dans l'armée lui coûterait la vie.

De cet ensemble de considérations, que ressort-il ? Qu'à l'évidence les femmes censées être des « mères juives » sont des mères de confession ou d'origine juive, mais avant tout strictement identiques aux mères de leur environnement culturel[9]. Cela n'implique-t-il pas que toutes les mères sans distinction sont peu ou prou des « mères juives » ? La « mère juive » ne me paraît donc pas plus pouvoir constituer le singulier des mères juives que les mères juives ne paraissent pouvoir constituer le pluriel de « la mère juive ».

Le problème me semble d'ailleurs renvoyer à celui, bien plus vaste et combien plus complexe, de la définition même du « juif » et de son identité telle qu'elle lui a été posée dès le début de son aventure diasporique.

---

9. Le personnage de mère « pied-noir » campée par Marthe Villalonga, dans le film d'Yves Robert, *Nous irons tous au Paradis*, correspondrait parfaitement à l'archétype de « mère juive » alors que rien ne la désigne comme telle.

Le pourquoi d'un cliché

Lorsque j'ai été invité, à deux reprises ai-je dit, à parler de la « mère juive », j'ai cherché à en pister le concept, bien que, par intuition et par expérience, je l'aie toujours su vide. Je ne disposais pas alors des informations recueillies par Sylvie Angel. Quand j'ai néanmoins cherché à comprendre aussi bien son éclosion que l'importance qu'il est parvenu à acquérir, j'ai cru pouvoir moi-même en faire un pseudo-concept forgé, et largement exporté, par les romanciers juifs américains de la première moitié du XXe siècle, le succès de leurs écrits ayant suscité par la suite de véritables vocations autour du thème. Au demeurant, je ne prenais appui pour exploiter cette piste que sur mon bagage culturel littéraire et historique. J'ai même pensé pouvoir mettre la fortune de cette diffusion sur le compte des effets collatéraux des mouvements féministes américains de la fin du XIXe ainsi que sur ceux de l'avènement de l'ère industrielle, laquelle a vu, dans tout l'Occident, le déclin de la figure paternelle au bénéfice de la figure maternelle. Loin de procéder avec la rigueur de ma coauteure, je suis allé encore plus loin dans mes supputations puisque je me suis cru autorisé à imaginer que la figure de la « mère juive » avait pu être érigée, consolatrice, par ses fils loyaux et irrémédiablement endeuillés, sur le cénotaphe du père juif[10]. Je me suis sans doute laissé influencer à cet égard par la lancinante mélodie de la fameuse chanson *Mein Yiddish Mame*, dont on sait que, chantée dans de nombreuses langues, elle a eu un succès considérable. Mais un tel argument ne tient pas, car l'équivalent de cette chanson existait depuis plus longtemps encore en italien – admirablement chanté pour ancien qu'il soit, par Pavarotti – : *Mamma, sono per te, la mia canzone vola, Mamma sono per te, tu non sarai più sola* (« Maman je suis pour toi, vers toi vole ma chanson, maman je suis pour toi, tu ne seras plus seule »). Tout comme au demeurant il en existe également un en arabe : *Ya oumi, ya oumi, ya oumi, esmek daïman fi foumi* (« Ô ma mère, ô ma mère, ô ma mère, ton nom est toujours sur mes lèvres » – littéralement « dans ma bouche »). Je suis certain qu'il y a d'ailleurs des refrains de la même eau dans toutes les langues du monde.

Ce qui me vient aujourd'hui va bien au-delà de cette hypothèse.

Que les romanciers américains aient été pour quelque chose dans la construction et la diffusion de cette figure est indéniable par-delà même les circonstances sociologiques et historiques dans lesquelles son développement s'inscrit. Mais ce n'est pas un effet du hasard. La

---

10. C'est ainsi que Philip Roth campe son père dans des pages à la fois hilarantes et pathétiques, au moins dans *Portnoy et son complexe*.

psychanalyse avait déjà traversé l'Atlantique et Freud avait déjà apporté sa « peste[11] » à un auditoire au sein duquel furent sans doute nombreux, parmi les juifs venus l'écouter, ces écrivains ou ces futurs écrivains. La psychologie et l'introspection avaient déjà le vent en poupe. Que des auteurs se soient précipités sur l'occasion pour entreprendre de parler d'eux-mêmes, de leurs vies et de leurs mères en particulier – n'est-ce pas la grande mode aujourd'hui même ? – et que ces auteurs aient été juifs, n'a certainement pas manqué de faire procéder au glissement qui est survenu. Un peu comme s'il avait été impossible autrement d'accepter le dévoilement qui s'opérait ainsi. Que les mères en général puissent avoir une telle influence n'était, historiquement s'entend, pas plus facile à admettre que ne pouvaient l'être les révélations sur la sexualité infantile. Le processus de défense qui a dû s'opérer a donc résolu le dilemme en mettant l'insupportable de la révélation sur la particularité des mères décrites. Puisque les écrivains qui en parlaient étaient juifs et qu'ils parlaient de leurs mères, ce qu'ils en révélaient ne pouvait être rapporté qu'aux caractéristiques de ces mères-là, autrement dit de ces « mères juives ».

Reste qu'on peut se demander, puisqu'on persiste aujourd'hui encore à faire exister ce mythe, si la « mère

---

11. Allusion au propos de Freud à Jung, sur le bateau qui les emmenait pour la première fois en Amérique : « Ils ne savent pas que nous leur apportons la peste. »

juive » ne serait pas la « juive » des mères, comme le
« juif » a été et demeure, d'une façon plus ou moins
assumée, le « juif » des autres peuples, le « juif » des
nations. N'y aurait-il pas une correspondance éclairante
entre le « juif » et la « mère juive », la seconde pouvant
être considérée comme le paradigme féminin du premier ? Il se serait alors développé à l'égard de l'un
comme de l'autre le même ensemble de sentiments, plus
troubles encore qu'ambivalents, dans lesquels le refus,
l'irritation, la haine et l'envie le disputeraient autant à
un ébranlement certain qu'à un attendrissement irré-
pressible et à une admiration perçue comme toxique
parce que impossible à admettre.

Comment comprendre en effet qu'une petite population, représentant à peine 2 pour mille de la population mondiale, dispersée depuis vingt siècles aux quatre
coins du globe, ayant connu partout et depuis toujours
les brimades, la haine, l'ostracisme, la violence et un
génocide qui a tué la moitié de ses membres, ait traversé
ces souffrances, ces vicissitudes et ces tentatives d'élimi-
nation en s'obstinant à maintenir sa spécificité et son
identité ? Étrange phénix défiant flammes et cendres !
Et si cette forme de miracle n'était due qu'à l'adéquation
de ce peuple à un universel de l'humain ? Comment
alors comprendre cet universel sans être effrayé par ce
qu'il aurait à enseigner et qui s'avère si différent des dispositions générales de chacun ? Et quand on considère
que cette population ne s'est pas seulement maintenue,

mais qu'elle a donné à l'humanité des individus dont les travaux et la pensée, dans tous les domaines, ont été décisifs dans son devenir, les choses sont encore moins simples. De là à se demander si tout cela ne serait pas dû à un ressort secret, il n'y a qu'un pas. Et si tout cela était le résultat de l'action des mères sur leurs enfants ? Et si les mères de cette population avaient acquis au fil de leurs épreuves un véritable « savoir-faire » ? Et si elles s'étaient évertuées à le transmettre de mères en filles ? On pourrait du coup trouver une explication recevable à un phénomène aussi irritant que mystérieux !

Cette hypothèse rendrait alors la persistance du « concept » plus compréhensible et le glissement qui lui aurait donné naissance plus facile à repérer : ce serait aux qualités intrinsèques de la « mère juive » qu'on devrait ce qui se constate au sein de la population juive ! Les juifs, toujours en train de s'interroger sur ce qui fonde leur identité, auraient eux-mêmes adhéré à l'existence d'une telle particularité en croyant y trouver un avantage substantiel. Quant aux auteurs anonymes de cette invention, ils auraient pu vouloir cerner, sinon pénétrer le secret des « mères juives » pour, en une interprétation défensive d'ordre paranoïaque[12], en détruire les précieux effets ou, à l'inverse, en une interprétation humaniste, se les approprier et en tirer parti.

---

12. Pas tant que cela peut-être si on se réfère à l'accusation de meurtre rituel et au succès, encore de nos jours, des *Protocoles des sages de Sion*.

Mais tout cela reste de l'ordre de la légende. Car si Spinoza, Marx, Freud, Einstein ou Mahler ont eu des « mères juives », il faudrait alors croire que les mères de Socrate, Lao-tseu, Pascal, Newton ou Darwin tout comme celles de Léonard de Vinci, Botticelli, Bach, Beethoven, Mozart et tant d'autres l'étaient également !

Les mères juives des textes hébraïques

Pour ne rien laisser dans l'ombre, j'ai fini par revenir au texte même de la Torah. Afin de trouver dans le récit qu'il déroule, à défaut d'indices patents, des liminaires qui auraient pu contribuer à construire la légende de la « mère juive ».

Ce qui m'a mis sur cette piste, c'est un échange que j'ai eu avec un rabbin et dont je garde un souvenir plus gêné qu'amusé. Je ne sais plus pourquoi, le saint homme avait entrepris, cet après-midi-là, de m'expliquer que le prophète Samuel était considéré par la tradition juive comme aussi important que Moïse et Aaron réunis. Il pensait, en bon pédagogue, que le caractère surprenant de cette affirmation était susceptible d'éveiller mon intérêt. Ne sachant pas l'étendue de mon insatiable curiosité, il a cru au succès de sa manœuvre. En bon maïeuticien, il a poursuivi son enseignement en me demandant si j'avais une éventuelle explication à donner de ce qui avait toutes les apparences d'un paradoxe.

Je lui ai répondu que j'avais l'explication.

Il a paru étonné que sa question ne m'ait pas désarçonné : un instant auparavant, je ne savais rien de ce qu'il m'apprenait, et voilà que je prétendais pouvoir non seulement en prendre acte, mais parvenir à l'expliquer.

Je crois que j'ai dû manquer d'élégance et surtout de générosité en ne le laissant pas me surprendre comme il l'escomptait. D'autant qu'il savait que je n'avais guère de culture torahique ou talmudique. Mais ce qu'il ignorait, c'est que j'ai tout de même fréquenté assez longtemps ce type de travail sur le texte pour avoir saisi quelques manières d'articuler les raisonnements.

Je lui ai donc répondu que ce qui avait toutes les allures d'un paradoxe n'en était pas un parce que Samuel était le *tiqoun* de Caïn.

J'avais utilisé une terminologie que je savais être la sienne et qui mérite d'être ici un tant soit peu explicitée. Le mot hébreu *tiqoun* signifie littéralement « réparation ». Ce n'est pas seulement un mot. C'est un concept, un vrai concept, lui. D'une importance considérable dans la vision juive du monde. Selon cette conception, l'humain, considéré comme imparfait par essence du fait de ses pulsions, serait censé vivre une expérience de traversée du temps au terme de laquelle, au fil des générations, grâce à l'observance de certains principes de vie (les 613 *mitsvoth*), il pourrait affleurer à un statut de perfection. Quand une erreur de parcours intervient chez un sujet ou dans son histoire, il se trouverait tôt ou

116

tard un autre sujet dans sa descendance ou hors de cette descendance pour reprendre cette erreur et la réparer. On pourrait penser que ce concept représente un message d'espoir ou bien encore la suite de l'intervention divine dans le sort de l'homme. Toutefois, dans la mesure où sa mise en acte n'est déterminée en aucune façon et puisqu'elle dépend du choix intrinsèque du sujet lui-même, il résume à lui seul le résultat du débat que l'humain entreprend de résoudre entre la pression de ses pulsions et les conditions environnementales dans lesquelles elles seraient ou non mises en œuvre. On pourrait presque dire, pour sacrifier à un vocabulaire technique d'un autre ordre mais plus commun, que le *tiqoun* désignerait le résultat positif de la confrontation, banale en chacun, du principe de plaisir et du principe de réalité.

Cette notion, je l'ai découverte très tard dans mon parcours personnel. Or, depuis longtemps déjà, j'avais conféré dans mes écrits à tout enfant, dès sa conception, un statut de « réparateur » de l'histoire de ses parents, chacun d'eux espérant de lui qu'il œuvre à réparer l'histoire – nécessairement tordue comme toutes les histoires – qu'ils lui transmettent. Je jouais d'ailleurs sur les mots en relevant que ce « réparateur » était aussi un « sépara-teur », puisque chacun des partenaires le voulait à son service exclusif[13].

---

13. Voir *Une place pour le père*, *op. cit.*

Je ne savais pas alors que ce concept était si central dans la pensée juive que le tout-petit, en hébreu, se disait *tinoq*, mot fabriqué sur les consonnes t, n et q, lequel est une anagramme de *tiqoun*, lui-même fabriqué sur t, q et n[14]. Or, quand on sait que la structure de la pensée hébraïque est fondée sur le fait que les mots contiennent toujours leur sens propre en même temps que celui de leurs anagrammes, on ne peut pas verser au compte du hasard cette proximité : la notion de « réparation » ne se trouve-t-elle pas implicitement rattachée à la personne du « tout-petit » ? Quand j'ai appris cela, j'ai d'abord été stupéfait, puis je me suis dit que, si j'étais parvenu à formuler ainsi ces choses, c'était parce que je l'avais certainement toujours su.

Quand j'ai donné mon explication au rabbin avec lequel j'échangeais, à savoir que Samuel était le *tiqoun* de Caïn, il m'a répondu qu'elle figurait, consignée telle quelle, dans le traité *Sanhédrin*[15].

Je lui ai confessé n'avoir aucune fréquentation directe des traités talmudiques et ne pas plus connaître celui-là que les autres. C'était la stricte vérité, mais, je crois, là encore, avoir manqué d'élégance. À moins que

---

14. L'écriture de la langue hébraïque est, comme c'est la règle dans les autres langues sémitiques, consonantique ; elle comporte seulement des consonnes et pas de voyelles.

15. Titre d'un traité du Talmud de Babylone. Un autre rabbin avec qui j'évoquais cette discussion m'a dit, quant à lui, n'avoir rien rencontré de cet ordre dans sa lecture du traité *Sanhédrin*. Je ne sais qui croire. Je me contente ici de rapporter le contenu d'un échange.

je me sois défié d'une certaine orientation de l'enseignement qui m'était destiné et que j'aie voulu faire en sorte de marquer cette défiance.

Mais comment étais-je parvenu à mon élaboration ? Cela ne m'a été possible qu'en ayant en tête ce que m'a appris la fréquentation de toutes ces mères que ma carrière de pédiatre m'a donné l'occasion de rencontrer. Il se dégage, en effet, de leur attitude une sorte d'universel dans lequel chacun, au premier regard, pourrait voir un attachement viscéral à l'endroit de leurs enfants. Et il est tellement considérable qu'il fonde l'essentiel de leur identité. Qu'il fonde l'essentiel de l'identité de toute mère, quels que soient son âge, son histoire, ses origines, sa religion ou la couleur de sa peau.

Cet attachement, d'aucuns le nomment volontiers « cordon ». Un cordon dont on déclare, doctement parfois, que, pour certains, il ne serait « pas coupé ». En omettant soigneusement cependant de dire que sa coupure est, ô combien, toujours incomplète, problématique et véhémentement refusée avant tout par la mère parce que cela l'accule dans un rôle nécessairement... « coupable » !

Mais « coupable » en quoi ? « Coupable » de quoi ?

« Coupable » : « qui peut être coupée » – coupée de son enfant, bien évidemment. « Coupable » aussi en ce qu'elle ressent une « culpabilité » impossible à amender pour avoir mis ses enfants – et plus ses fils que ses filles – dans un monde soumis à l'œuvre du temps et donc à la mort.

C'est sur ce point très précis que j'ai construit mon raisonnement en évoquant, à propos de Samuel, la référence à Caïn. Mais en quoi l'un pouvait-il être considéré comme le *tiqoun* de l'autre ? Et en quoi cela pourrait-il concerner les mères, juives ou pas ?

Il suffit de revenir au texte pour constater, en une lecture moins iconoclaste qu'il n'y paraît, puisqu'elle est en concordance avec la permanente déconstruction que le Talmud opère lui-même[16], que ces deux personnages, à des milliers d'années de distance dans la datation selon la Torah, ont en partage des histoires étrangement similaires. On découvre en effet qu'il y a eu, pour l'un comme pour l'autre, exactement la même disposition maternelle. Et la chose est précisément inscrite dans la verbalisation du désir de chacune des deux mères.

Ève (HaVaH), mère de Caïn (QaYN)[17], le nomme ainsi parce que, s'explique-t-elle dans le texte, « je l'ai acquis » (QaNYTi) avec Dieu. Les mêmes lettres apparaissent dans le prénom et dans le verbe conjugué. « Je l'ai acquis (avec Dieu) et je le nomme "acquit". » Une telle paraphrase ne trahit pas l'esprit du texte.

---

16. Je saisis cette occasion pour remercier mon ami Marc-Alain Ouaknin et rendre hommage à son précieux enseignement.

17. Cette modalité d'écriture, couramment utilisée par les exégètes, est destinée ici à permettre de repérer aussi bien les jeux de permutation consonantique que les proximités radicales que ne peuvent pas rendre les traductions.

Hannah (HaNNaH), nomme son enfant Samuel (CheMouEL), son nom est EL, c'est-à-dire « son nom est Dieu ».

Dans l'un comme dans l'autre cas, il s'agirait en quelque sorte d'une conception conférée à Dieu et à lui seul. Conférée symboliquement bien entendu à Dieu au détriment néanmoins de la réalité du géniteur masculin, lequel semble dans l'un et l'autre cas en avoir été délibérément écarté, sinon exclu. Toutefois, les deux histoires diffèrent par une nuance qui va fabriquer la différence des destins et le *tiqoun*, la réparation, qui s'ensuit.

Le texte est on ne peut plus clair pour ce qui concerne Ève. Il y est dit qu'« Adam pénètre Ève, sa femme. Enceinte, elle enfante Caïn ». Pour Hannah, il est également fait mention nominale de son mari, un certain Elqana, mais il est surtout question de la stérilité dont elle souffre, d'autant plus que l'autre femme de ce même mari lui avait déjà donné deux fils. On serait, dans ce second cas, en présence d'une forme de gradation. La paternité symbolique divine de Caïn aurait été quasi mécaniquement entachée de l'acte de chair d'Adam, alors que la paternité symbolique divine de Samuel serait intervenue sur fond d'un acte de chair perpétré et assumé comme tel, mais longtemps mis en échec, voire annulé, par la stérilité.

Nous restons cependant dans un registre où il n'y a encore rien de surnaturel. Dans un registre dans lequel il n'y aurait que du commun, du trivial. Deux mères déclarent leur enfant, venu au monde, dévolu à Dieu alors qu'il a été conçu avec un homme. Pourquoi cette paternité symbolique divine a-t-elle été ainsi mise au premier plan au détriment de la paternité réelle ?

Je prétends que c'est la manière dont chacune de ces deux femmes a tenté de sortir de sa « culpabilité ». Conférant la paternité symbolique de leurs fils respectifs au fondateur et maître du temps, chacune d'elles aurait escompté obtenir de lui une « éternisation » de la vie de l'enfant.

Pour mieux comprendre la lecture que je propose ici, il importe de savoir que le Dieu-un que les Hébreux se sont donné, celui de la révélation, s'écrit YHVH. Cette écriture strictement imprononçable, bien qu'on se soit évertué à vouloir la prononcer dans les autres langues sous la forme : Yahvé, Yohvé, Jéhova, ou autres prononciations du même type, condense de fait en quatre lettres les trois modalités, entrelacées sans ordre, de l'inscription de l'être dans le temps : avoir été, être, avoir à être. Je précise néanmoins que, si on doit procéder à une traduction littérale, ces fameuses quatre lettres sont plus exactement la condensation sans aucun ordre de : il a été, il est, il sera. L'inconvénient de cette traduction vient de ce que la troisième personne du singulier, « il », pourrait laisser entendre, en français, l'existence d'une quelconque instance. Or il s'avère que les langues sémitiques – l'arabe par exemple, comme l'hébreu – rendent notre infinitif par cette troisième personne du singulier du présent, tout comme le latin des dictionnaires le rend par la première personne du singulier du présent, alors même que l'infinitif y existe. La traduction personnelle que je propose pour ma part (avoir été, être, avoir à être) demeure donc fidèle au sens original en lui conférant toutefois l'esprit de la langue française dans laquelle je la transpose.

Ce n'est pas tout. Cette écriture, ne parlant d'aucune façon à l'oreille, fonctionne à la manière d'un logo. Or la particularité du logo, c'est de ne « parler » qu'à l'œil – qu'on pense aux chevrons, au curieux losange ou au lion stylisé de nos marques de voitures. Cette manière de « parler » est de surcroît singulièrement efficace. La rétention et la mémorisation du message émis de la sorte sont en effet infiniment supérieures à celles de tous les autres moyens de communication. Les publicistes le savent qui n'hésitent pas à faire dépenser aux grandes entreprises qui les emploient de véritables fortunes destinées à trouver les logos les plus performants. YHVH aurait alors pour effet de promouvoir en chacun la conscience de l'inscription de son être dans le temps.

Si on poursuit la lecture du texte, il n'en devient que plus éclairant. Dans les versets qui précèdent la conception (Genèse, 3-16) de Caïn, on peut en effet relever un détail, l'exposé précis de ce qu'on a appelé, en raison d'une traduction approximative et non dénuée d'idéologie, la « malédiction divine » : « Je multiplierai ta peine et ta grossesse, dans la peine tu enfanteras des *fils*[18]. À ton homme ta passion : il te gouvernera. » Verset à rapprocher de l'étrange verset 2-24 qui rompt, lui, le fil narratif du paragraphe comme le ferait une note de bas de page et qui dit : « Sur quoi l'homme abandonne son père et sa mère : il colle à sa femme et ils sont une seule chair. »

Nous nous trouverions, là, métaphoriquement tout du moins, à la charnière même du passage de l'animalité à l'humanité.

Une femme est pénétrée par un homme, censé avoir le droit « divin » de la gouverner.

Elle met au monde un fils, destiné à s'éloigner un jour d'elle (ce dont elle ne pourra que souffrir, mais qu'elle pourrait somme toute accepter !) avant de devoir mourir. Et cette seule idée lui est insupportable au point qu'elle sait ne jamais pouvoir l'accepter.

Comme on ne lui a pas demandé son avis, elle réagit en prenant au piège l'auteur même de la Loi censée la contraindre.

Conférant audit auteur la paternité symbolique de l'enfant, elle expulse la paternité réelle du géniteur en

---

18. C'est moi qui traduis littéralement et qui souligne. Cette phrase a en effet donné lieu à la traduction « tu accoucheras dans la douleur » que chacun a en tête et que je considère pour ma part, compte tenu de la familiarité que m'a donnée la fréquentation des textes originaux, comme erronée et abusive. On peut d'ailleurs noter, à cet égard, que les mères ashkénazes, désinvestissant leurs fils au bénéfice de leurs filles, auraient trouvé dans leur environnement les facteurs leur permettant de se soumettre aux termes de l'injonction, alors que les mères séfarades auraient cédé, elles, aux habitudes des milieux dans lesquels elles vivaient.

espérant que cet auteur, maître incontesté du temps, aura à cœur de suspendre l'échéance temporelle pour l'enfant qu'elle déclare ainsi leur être commun.

Cette « grande première[19] » a connu un certain nombre d'avatars, mais elle n'a jamais disparu du comportement des mères.

Pour Hannah, il n'en va pas de même.

Elle hérite, elle, d'un processus d'humanisation qui a fait son œuvre depuis des millénaires.

Elle file le parfait amour, un amour digne de ce nom, avec Elqana et elle veut à tout prix lui donner un fils. Elle est tellement désespérée de la stérilité qui fait obstacle à son désir qu'il en arrive lui-même à lui déclarer pour la consoler (Samuel, 1-8) : « Moi-même, ne suis-je pas meilleur pour toi que dix fils ? »

Mais elle s'obstine – elle est, à cet égard, dans la même problématique que Rachel, la matriarche qui se désespérait de ne pas pouvoir donner de fils à Jacob. Elle ne cesse de vouloir, quoi qu'il lui en dise, donner un fils à son homme – elle aura d'ailleurs ensuite cinq autres enfants sans intercession ni dévolution divines. Selon ma lecture de son aventure, sa stérilité n'aurait été consécutive que de sa longue hésitation à mettre au monde un enfant destiné à mourir. Dès lors qu'elle

---

19. J'en ai démonté le mécanisme qui en fait un universel de toute éternité dans le second chapitre de mon ouvrage *Les Pères et les Mères*, *op. cit.*

découvre à son tour le procédé utilisé par Ève, sa stérilité est levée.

Ce processus fantasmatique n'est d'ailleurs pas propre aux mères de l'histoire juive. Outre le fait qu'on le retrouve sous les formes les plus diverses dans les histoires de beaucoup de mères d'aujourd'hui, on le retrouve dans maintes mythologies. Dans l'existence, par exemple, à peu près à la même époque que Hannah et dans une aire géographique voisine, des demi-dieux de la mythologie grecque. On sait que, si ces demi-dieux étaient mortels, ils n'en avaient pas moins accès, après leur mort, à un sort privilégié. La mère d'Achille parvient même à lui conférer l'immortalité en le trempant dans les eaux du Styx. Et la légende veut que, si elle n'avait pas dû le tenir par le talon, elle serait parvenue à ses fins.

La série ne s'arrête pas là. Une autre histoire, au moins aussi célèbre sinon bien plus que les précédentes, a connu une autre fortune : c'est celle de Marie et de son fils Jésus.

Avec encore, là aussi, une nuance et une nuance de taille.

Car, à rebours d'Ève et de Hannah, Marie, elle, n'est pas activiste. Elle ne connaît ni ne commet l'acte de chair. Elle est innocente, passive, objet seulement d'une élection. Sans qu'elle ait été conduite à lui demander quoi que ce soit, c'est Dieu qui l'aurait choisie. Et ce choix aurait un statut tellement exceptionnel, tellement impressionnant que de ses fantasmes, de la dévolution qu'elle aurait pu opérer, tout comme de son désir, il n'est jamais question. On pourrait dire d'elle qu'elle aura été d'une certaine façon une « mère porteuse », porteuse charnelle d'un être prédestiné à accomplir un projet cette fois divin. Elle sera parvenue, sans rien demander, à mettre en œuvre le fantasme développé par Ève et Hannah.

Comment ces trois histoires exemplaires fonctionnent-elles du côté de la mort puisqu'elles en sont hantées, tant du côté de la représentation que de celui de la crainte ?

Obstinément mis, dans le désir de sa mère, à l'écart de la mort et radicalement voulu, dans le même désir, à l'abri de son destin mortel, Caïn administre mécaniquement la mort sans avoir conscience de la donner. On connaît ses protestations et ses dénégations : « Suis-je le gardien de mon frère ? » se récrie-t-il. On sait d'ailleurs aussi les flots de commentaires entraînés par l'attitude divine à son endroit au moment des fameuses offrandes. Ce meurtre, augural, n'en inscrit pas moins le potentiel meurtrier dans l'humain et, plus particulièrement et de manière ostensible, dans les prérogatives de l'humain mâle.

Comme si, ayant été voulu soustrait à la mort, cet homme avait automatiquement acquis le pouvoir banal de la donner. La lecture chrétienne de cette potentialité consistera à la mettre au compte de la trace indéniable de l'acte de chair, lequel prendra statut de péché originel et de source de tout mal. Un peu comme si la participation d'Adam à la première conception n'avait pas permis à la paternité symbolique de Dieu de pleinement s'exercer.

Je ne crois pas que nous soyons, aujourd'hui, sortis des lignes de force de cette lecture. Il me semble au contraire que la manière dont se conjoignent acte de chair et violence mâle potentielle pose toute aventure de couple et toute aventure de parentalité comme des aventures passionnantes, à l'abri de l'ennui, et constituant autant de gageures à relever. Dans ce cadre, le potentiel mortifère du père a pour vertu essentielle de conférer à son enfant la conscience de l'écoulement du temps et ainsi de brider le fantasme maternel d'« éternisation » de l'enfant.

Samuel est devenu le prophète auquel a incombé la tâche d'élire les deux premiers rois d'Israël. Sa conception n'a pas été expurgée de l'acte de chair, mais elle aura tout de même été amendée au bénéfice d'un débat symbolique. Comme Rachel, Hannah tient à donner un enfant à Elqana. Et elle est prête à tout pour cela. Quand, tout comme Ève, elle découvre, sous la forme d'un vœu, une stratégie susceptible de mettre son enfant à l'abri de la mort, elle parvient à concevoir. Après quoi, elle enfante et elle met en œuvre son vœu. Elle nomme son enfant : Samuel, « son nom est Dieu ». Ainsi désigné, il n'en est pas moins, à tous égards et malgré cette dévolution à vertu protectrice, l'enfant de l'amour porté à son géniteur Elqana.

Samuel ne tuera pas. Il dénoncera même le rapport au meurtre dans le comportement du roi Saül, premier roi d'Israël qu'il avait lui-même élu, et il régentera étroitement le rapport de celui-ci à la mort. Son successeur Nathan suivra sa ligne de conduite avec David, dénonçant la manière dont ce dernier avait envoyé à la mort l'époux de Bethsabée qu'il convoitait, et ne lui permettra pas de construire le Temple. Est-ce grâce à ce débat constructif et surtout correctif autour du « donner la mort » que Samuel aura acquis, aux yeux de la tradition, l'importance de Moïse et d'Aaron réunis ? Je n'en sais rien, mais c'est en cela qu'il aura été pour moi, en tout cas dans l'échange que j'ai eu, le *tiqoun* de Caïn.

Il reste qu'on ne comprend pas très bien dans cette logique temporelle qu'une fois le *tiqoun* accompli on puisse retrouver le débat et rencontrer par la suite la figure de Jésus. Sauf à concevoir que le processus à l'œuvre dans ces narrations successives aurait été constant et n'aurait attendu que des circonstances favorables pour éclore en une nouvelle histoire exemplaire. J'imagine volontiers que de telles circonstances ont été fournies par la pénétration gréco-romaine de l'univers hébraïque. L'usage qui aura été fait de l'aventure de Marie et de Jésus – parce qu'il s'agit d'un usage, mis en œuvre essentiellement par Paul de Tarse – aura été une lecture judéo-grecque ou gréco-juive de ce que j'ai déjà appelé et que j'appelle encore, avec infiniment de tendresse et sans la moindre nuance péjorative, l'éternelle folie maternelle. Est-ce cette « folie maternelle » portée à son incandescence par la forclusion du géniteur qui aura valu à l'enfant son destin ? Jésus, qui, lui non plus, ne tuera pas, mourra sur la Croix, en disant (Marc, 15, 34) : « *Eli, Eli, lamma sabactani ?* » On traduit habituellement ces mots par : « Mon Dieu, mon Dieu, pourquoi m'as-tu abandonné ? », alors qu'une traduction plus fidèle au texte de cette seule phrase araméenne au cœur du texte grec de l'Évangile serait : « Mon Dieu, mon Dieu, pourquoi m'as-tu sacrifié ? » Ce propos, on pourrait l'entendre comme l'évocation, en un lointain écho, du non-sacrifice d'Isaac par Abraham, ce même Isaac qui a eu, tout vieux qu'ils étaient, un géniteur et une mère, si protectrice et si intervenante qu'elle a œuvré à le débarrasser de son rival Ismaël et qu'elle est morte à l'idée qu'il puisse lui arriver quelque chose dans le voyage que son père entreprit avec lui. Voilà posé le problème de la confro,ntation du pragmatisme hébraïque et de la mythologie grecque. À l'instar des demi-dieux grecs et tout comme Hercule né à nouveau, non seulement Jésus ressuscitera, signant l'échec enfin survenu de la mort, mais il gagnera un statut divin éternel, comme Hercule et Achille, pour ne citer qu'eux.

Encore que cela pourrait ne pas s'arrêter là. Car, dans le droit fil de la manière dont j'ai dit de Samuel qu'il était le *tiqoun* de Caïn, j'émettrais pour ma part l'hypothèse que Jésus pourrait avoir été le *tiqoun* d'Abel, du moins dans la manière dont saint Paul utilisera sa parole pour lui donner le destin dont on sait la fortune. Je m'en explique. Si on sait d'Abel qu'il a été tué par Caïn, on ne sait pas assez que le texte qui narre sa conception traduit le faible investissement, sinon le non-investissement, qu'Ève a opéré sur cette grossesse. Non-investissement dont on retrouve la trace dans le prénom de l'enfant lui-même : Abel peut être traduit par « pas grand-chose », « vanité », « brouillard », « brume », toutes notions dont on ne peut pas dire qu'elles soient très valorisantes. Un peu comme si Ève avait plus subi que voulu ou vécu cette conception. Abel est donc le faible, face au porte-flambeau-de-la-mère qu'est son frère. L'inégalité des sorts, tout comme l'injustice, fait sa première apparition dans le monde. Inégalité et injustice que tente de compenser l'instance divine quand elle agrée le sacrifice d'Abel au détriment de celui de Caïn, entraînant le scénario que l'on sait, comme si la machine inégalitaire qui avait démarré ne pouvait plus être stoppée. Quels effets de résonance de cette histoire trouve-t-on dans celle de Jésus ? L'élection de Marie n'exclut pas en effet une passivité qui n'est pas sans évoquer celle d'Ève portant Abel et qui annoncerait les mêmes conséquences. Le prénom donné (par qui ?) à l'enfant aurait-il été destiné à lui éviter un tel sort ? La question est pertinente. Le prénom hébraïque de Jésus, selon les versions, est en effet Ieochou'a ou Iechou', lesquels veulent dire, l'un et l'autre : « Dieu a sauvé ». Pourquoi et de quoi Dieu aurait-il dû sauver cet enfant ? Je propose qu'il aurait pu l'être du destin d'Abel d'être un « pas grand-chose » après une grossesse subie plus que vécue. Et ce d'autant que le nom hébreu de Jésus, qu'il soit Ieochou'a ou Iechou', quand il est traité selon le mode des commentateurs talmudiques, révèle qu'il contient les lettres du tétragramme (HYVH) associées à deux autres lettres, le *chin* et la gutturale *aïn* qui forme le mot *cha'*, lequel a trait à l'agrément du sacrifice[20]. La lecture du prénom de Jésus devenant alors : « Le tétragramme (Dieu) a agréé le sacrifice. » Le prénom, à lui seul, n'aurait alors pas été sans renvoyer à ce début de l'humanité. Cette nouvelle lecture permettrait par ailleurs de comprendre l'autre sens donné au mot *sabactani* qu'on pourrait traduire par « embrouillé », ce qui donnerait au propos christique en araméen le sens de : « Mon Dieu, mon Dieu, pourquoi m'as-tu embrouillé ? » Sacrifié, embrouillé finiraient-ils par laisser entendre la notion d'« abandonner » utilisée par les traducteurs, comme s'il s'agissait de l'abandon d'un projet porté par la prénomination elle-même ? L'hypothèse du *tiqoun* permettrait alors de comprendre un des facteurs du succès du christianisme promu essentiellement par saint Paul[21] : avec Jésus, c'en serait fini avec l'injustice et le sort réservé aux laissés-pour-compte de l'investissement maternel. Dieu le père, veillant à produire avec son fils un lien indissoluble, a assuré sa résurrection, l'a hissé à

---

20. Marc-Alain Ouaknin, communication personnelle.
21. Gérard Mordillat et Jean Prieur, *Jésus après Jésus, essai sur l'origine du christianisme*, Seuil, 2004.

ses côtés et a récompensé pareillement sa mère de s'être prêtée à cette conception.

Avec Jésus et le père-Dieu, on approcherait, autrement dit, le triomphe absolu du fantasme maternel universel revendiquant l'éternité et privilégiant, au détriment de l'échange sexuel, un amour symbolique qui, requérant ordre, vertu et immobilité, ne peut évidemment pas s'accommoder de la violence brouillonne de ces pères potentiels que sont les mâles, sauf à la régenter sévèrement. Ce sera le début du lent déclin de la fonction paternelle. Le baptême, faisant de tous les enfants des enfants de Dieu, privera peu ou prou le géniteur et le père social de cette fonction symbolique dont l'évolution de l'espèce l'avait fait potentiellement porteur.

Joseph cédera le pas, jusque dans l'iconographie, à sainte Anne, la mère de Marie. Le tour de force est accompli et toute paternité réelle ascendante quasi effacée, au milieu du XIXe siècle, avec le dogme de l'Immaculée Conception. Marie elle-même est décrétée conçue naturellement, mais préservée de la souillure du péché originel qui frappe la descendance d'Adam et Ève.

On pourrait, à côté de la lecture chrétienne de cette aventure, en proposer une autre qui poursuivrait le développement de la lecture de l'aventure de Caïn et de Samuel. Pour le premier, Adam n'a été qu'un géniteur réduit à un statut de simple porte-sperme ; pour le second, la dévolution symbolique de Hannah à Dieu l'a été au bénéfice de son homme, auquel elle voulait à tout prix donner un enfant. L'aventure de Jésus exclut quant à elle toute intervention paternelle tout en faisant de Marie elle-même une mère totalement absente. Son silence, dans son rapport à son fils et en particulier au devenir de ce dernier, n'a-t-il pas contribué à le livrer à la pulsion meurtrière des hommes qui l'entouraient ? On sait en effet l'importance de l'interposition maternelle et la protection de l'enfant qu'elle assure. On sait, dans un registre parallèle, combien cette interposition est souveraine pour protéger l'enfant de cette mort psychique que constitue la psychose paranoïaque et qui résulte de l'effet de la violence paternelle s'exerçant alors directement sur lui.

Manière de dire combien non seulement il est nécessaire à chaque enfant d'avoir deux parents, mais plus indispensable encore que chacun concède à l'autre sa plus juste place.

La « folie » des mères

Il est flagrant que, juives ou non, les mères sont atteintes d'une « folie » constitutive qui leur serait propre, qui aurait fondu sur elles depuis la première conception et qui continuerait de les envahir dès leur accession à la maternité. Elle tient au fait qu'elles s'évertuent, quoi qu'il puisse leur en coûter, à croire de toutes leurs forces et contre tout avis pouvoir faire obstacle à la mort de leurs enfants et de leurs fils en particulier ! Il reste à savoir pourquoi un tel mouvement semble destiné à viser plus ostensiblement les fils que les filles. Serait-ce en raison du fait que les histoires individuelles sont « androcentrées », comme l'Histoire en général ?

On pourrait le soutenir. Toutefois, quand on se penche sur les statistiques de morbidité, on constate qu'il y a 70 à 75 garçons malades pour 25 à 30 filles et que, dans l'évolution des maladies graves, le pronostic est toujours meilleur chez la fille que chez le garçon. De là à renverser les fameuses notions de « sexe fort » et de « sexe faible »... On pourrait évoquer tout aussi bien le commerce plus facile des mères avec le corps de leurs filles en comparaison de celui, toujours malaisé, qu'elles entretiennent avec celui de leurs garçons.

On approcherait ainsi quantité de facteurs en oubliant l'essentiel, à savoir le principe des *matriochkas*, les poupées russes, dont chacune en contient une autre, qui à son tour en contient une autre, etc. La continuité des corps, dans laquelle sont inscrites les filles, leur permet de remonter sans rupture à la toute première mère, leur conférant ainsi une forme d'éternité, rassurante et familière pour toute mère qui en a fait elle-même l'expérience. Un tel sort n'est pas celui du fils qui ne sortira jamais rien de lui et disparaîtra tout à fait avec sa mort physique.

Voilà qui nous renvoie au partage – ou au non-partage plutôt – de la... féminité, de l'« être femme » ! Cette féminité ne se repère pas seulement chez la femme ou chez la jeune fille, ou bien encore chez la fillette. Elle est là, présente et flagrante, dès le plus petit âge. Il suffit d'aller dans les squares ou dans les crèches et de regarder évoluer un groupe de tout petits enfants. L'un d'entre eux tombe ou se fait mal, et il pleure. Les garçons du groupe n'en ont cure quand ils ne vont pas en profiter pour lui faire une vacherie supplémentaire. Les filles ont en revanche des attitudes secourables et pleines de sollicitude. Elles courent au secours de la détresse et savent avoir, dès cet âge, des gestes proprement... maternants ! Qu'on mette le même groupe face à un monceau de jouets, on verra encore la différence. On n'observera pas, ou très rarement et pour un temps court, des garçons prendre des bijoux ou des poupées. Eux se précipiteront sur les voitures, les camions, les armes, etc. Ce n'est pas, comme on le dit trop souvent, un fait d'éducation, c'est lié à des dispositions inhérentes à la différence, inscrite dès le plus jeune âge et de manière la plus concrète qui soit, entre les sexes.

Une telle différence est en effet commandée par l'anatomie et la physiologie.

L'anatomie et la physiologie de l'être féminin lui confèrent une logique comportementale spécifique. Il serait comme en attente de la demande formulée à son endroit par un tiers éprouvant des besoins. Et il tirerait toujours, de la satisfaction des besoins de ce tiers, la conscience de sa propre puissance. Or la période de l'existence féminine dans laquelle une telle disposition atteint sa perfection, c'est la grossesse. L'être tiers est là en soi, condensé de besoins multiples que le corps satisfait à chaque instant. Et la satisfaction de ces besoins, approuvée de façon consensuelle par l'environnement, aboutit à ce véritable miracle que constitue le fait de donner... la vie ! On conçoit que cela puisse affleurer à l'ivresse. Et c'est tellement enivrant qu'on en viendrait à regretter que cela puisse subir les effets du temps et avoir un jour une fin !

On ne pourrait donc pas s'en accommoder. Les pulsions sont trop fortes. On ne pourrait pas faire le deuil d'un tel miracle. On ne pourrait que se dresser et se révolter contre la suspension d'un exploit aussi exemplaire. On pourrait d'autant moins l'accepter qu'on sait l'issue inéluctable d'une telle acceptation. Donner la vie, c'est en effet mettre au monde un être destiné à une fin de cette vie, un être destiné à mourir un jour.

Alors, on improvise. Et on se bat.

On engage le combat avec les moyens dont on dispose.

Toutes les mères ne sont pas Ève, Hannah ou Marie.

Même mues par des modèles aussi parfaits, elles n'ont pas les mêmes pouvoirs et elles n'accomplissent pas les mêmes exploits.

Elles se contentent de refuser le moindre partage de leur enfant en récusant, surtout comme elles le font aujourd'hui, toute intervention du père dans leur propre destin et encore moins dans celui de cet enfant autour duquel elles s'évertuent à déployer un utérus virtuel extensible à l'infini.

Ne serait-ce pas là qu'on pourrait rencontrer l'archétype de la « mère juive », avec son contingent d'exigences, de surprotection et de folie extrême ? Revenons pour avancer à d'autres endroits du récit de la Torah. Celui, par exemple, où on rencontre celles, Sarah, Rebecca, Léah et Rachel, que l'on appelle les « matriarches ». Si on opte pour une lecture froide du texte, qui se tiendrait encore une fois à l'écart de toute religiosité, on découvre que, tout de même et avec tout le respect qui leur est dû, elles ont été de sacrées manipulatrices ! Tiraillées par la problématique universelle dont j'ai fait état, elles sont intervenues singulièrement dans le cours qu'a pris l'Histoire. Il suffit pour en prendre la mesure de se remémorer les rapports de Saraï et d'Agar, puis un peu plus tard de Sarah et d'Agar. Quand elle n'est encore que Saraï, l'épouse d'Abram suggère à ce dernier d'engrosser Agar, leur servante, et d'en faire la première mère porteuse destinée à leur donner l'enfant qu'elle ne peut pas avoir (Genèse, 14-2, 16). Une fois qu'elle aura mis au monde Isaac, parce qu'elle sera devenue Sarah et que son époux d'Abram sera devenu Abraham, elle convaincra ce dernier de bannir son premier enfant, Ismaël, et sa mère Agar (Genèse, 21-10, 14). Rébecca, la femme d'Isaac, n'hésitera pas, à son tour, à user d'un grossier subterfuge pour tromper ce dernier, en fin de vie, aveugle et désireux de donner sa dernière bénédiction à son fils préféré Esaü. Elle parviendra ainsi à substituer à Esaü Jacob, son propre élu (Genèse, 27-11, 22). Il en ira de même à la génération suivante entre les deux sœurs Léah et Rachel, qui rivaliseront par servantes-mères porteuses interposées pour donner le plus d'enfants possible à leur époux commun Jacob (Genèse, 30-1, 13). Avec là aussi, pour la dernière, une histoire de stérilité qui ne sera pas sans rappeler celle de Hannah.

On ne voit commencer à poindre la puissance paternelle sur la mère et l'enfant qu'avec l'histoire de la naissance de Benjamin et de la mort de Rachel. Il est dit que cette dernière serait morte pour donner consistance à la parole de son époux Jacob. Ne sachant en aucune manière qu'elle était l'auteur du vol dont son beau-père Laban avait accusé un membre de sa troupe et voulant garantir la probité de chacun des membres de cette dernière, Jacob, au cours de leur dispute, en aurait appelé à la mort pour punir le forfait dont il croyait chacun innocent. Plus tard, ne suivant pas le conseil de Rachel mourante qui lui demandait de le nommer Benoni, le « fils de mon deuil », il le nomme Benjamin[22], le « fils de ma droite ». N'était-ce pas une façon de faire de lui le fils qui résumait son histoire ? L'hypothèse peut se défendre si on prend acte de ce que l'hébreu s'écrivant de droite à gauche, ce fils de la

---

22. Est-ce d'ailleurs un hasard, dans une histoire où tout pourrait s'articuler, que le premier roi d'Israël ait été choisi dans la tribu de Benjamin ?

droite serait issu de tout ce qui aura précédé l'histoire en train de s'écrire à sa naissance.

Je me suis laissé dire, à cet égard, qu'après le récit de la sortie d'Égypte on ne trouve plus le mot « mère » dans le reste du texte de la Torah. Sa disparition serait contemporaine de la mise en place de la loi destinée à fonder le lien social.

On ne trouve donc nulle part dans le texte biblique de description directe de ce que pourrait ou devrait être la mère juive institutionnalisée. On a, en revanche, une forme de description instituante du père juif. On trouve, en effet, dans Deutéronome, 27-4, 5, un verset évoquant « des pierres que n'aura pas touché le fer ». Les commentateurs talmudiques, décryptant le sens de ce verset, ont relevé que le mot « pierre » en hébreu se trouve être la contraction des deux mots qui écrivent « père » et « fils », et que le fer est le signifiant de la violence. Ils ont daté de ce propos l'injonction divine faite aux pères d'instaurer avec leurs fils une relation dénuée de toute violence. Au père juif aura ainsi été dévolue pour principale tâche, en conformité avec son nom – AB, fait des deux premières lettres, *aleph* et *beth*, de l'alphabet hébraïque –, de transmettre à ses enfants son savoir et en particulier la Torah.

Le père juif aura donc été ainsi « intronisé ». Charge lui ayant été confiée, par la transmission d'un texte tout au long duquel œuvre le logo HYVH et porteur du concept de *tiqoun*, de brider la « folie » de la mère de ses enfants. Et ce n'est pas une mince affaire. C'est peut-être cependant là que viendrait s'inscrire l'importance du *mikvé* et du *guet*. Ces deux détails auraient-ils été prévus pour aider autant les mères que les pères ? Pour les aider en ramenant la mère à sa condition de femme et en incitant l'homme à ne pas cesser de rappeler à cette femme combien elle l'est et doit le demeurer ? Mais quelle proportion de mères juives concernent-ils ?

S'il est vrai que l'intensité d'un amour maternel qui approche la « folie » fabrique, comme l'explique et le souligne Freud, un système de sécurité singulièrement adjuvant pour l'enfant, il n'en constitue pas moins une certaine gêne pour inscrire ce dernier dans le cours de la vie.

Freud confie en effet, après la mort de sa mère, que, par-delà le chagrin immense qu'il en a conçu, il s'est senti plus vivant que jamais. Et il s'en explique en disant que, du vivant de sa mère, il s'interdisait d'envisager sa propre mort en raison de la peine qu'il supposait que cette mort lui ferait, à elle. Sa mère une fois morte, il pouvait penser à sa propre mort et cela le faisait se sentir bien plus vivant qu'auparavant[23]. Je me souviens, pour ma part, d'une expression que nous utilisions, quand nous étions adolescents, et qui exprimait la même perception de ce à quoi nous étions soumis. Devant une

---

23. La si célèbre histoire de la « bobine » chez Freud ne va-t-elle pas aussi dans ce sens ? Il faut de la mort (de la mort de la mère, en l'absence du père) pour accéder au symbolique, à la vie.

épreuve qui semblait dépasser nos moyens, nous disions : « Si je fais ça, je meurs, et si je meurs, ma mère, elle me tue ! » N'avions-nous tous que des « mères juives » ? Tous ? Et pourquoi pas ?

On pourrait en quelque sorte dire de tout sujet qu'il serait ainsi pris entre deux entreprises de mort : celle, menaçante et ostensible, de son père, celle plus sourde, plus subtile et tout aussi menaçante d'une mère qui lui interdit de s'éloigner d'elle – qui lui intime donc de ne pas vivre – sous peine de le laisser mourir.

Sortir de la « folie » ?

Pister la « mère juive » dans les textes, c'est retrouver, comme dans l'incursion sociologique, toutes les mères de notre quotidien. Je l'ai dit. Je le redis. Le même travail aurait pu être accompli dans d'autres contextes, sur d'autres textes, d'autres mythologies. Il aurait certainement conduit aux mêmes résultats.

Nous savons que se perpétue autour de l'enfant, depuis l'aube des cultures, une guerre sourde entre ses parents. Notre époque a-t-elle sciemment décidé d'y mettre fin, au nom de la liberté, de l'idéal démocratique et du souci de préserver les droits des individus ? Peut-être... Elle le prétend, tout du moins, si on en croit l'intensité des débats qui tournent autour du sujet. Mais le résultat n'est pas, pour l'instant au moins, très brillant

Il s'étale sous nos yeux : unions précaires, divorces, familles recomposées, enfants mal élevés, adolescents souffrants ; mais aussi retour à l'intégrisme et à une violence encore plus grande que celle qu'on a voulu réguler.

N'est-ce pas parce que la traversée de nos histoires a trop longtemps fait croire aux mères qu'elles étaient seules responsables du sort de l'enfant qu'elles n'auraient jamais dû laisser sortir d'elles ? Et que, voulant bien faire en refusant d'être « coupables », elles auraient été conduites à obérer leur vie et celle de tout leur environnement ?

Ne leur faudrait-il pas plutôt, à l'occasion de la mutation récente de leur condition, se convaincre qu'elles occupent une place constructive essentielle dans la vie quand elles acceptent justement de la penser comme inépuisable et la mort comme sa simple ponctuation ? Encore faudrait-il leur permettre d'accéder sans effroi au caractère composite de cette condition qui n'a jamais varié, mais dont l'assomption a toujours été bridée par leur environnement. Car cette condition – singulière en ce qu'elle les promène sans hiatus et sans rupture de leur féminité à leur « maternalité », et de cette dernière à la première, sans qu'aucune des deux ne soit condamnée à trahir l'autre – peut être éclairée aujourd'hui d'une autre façon. C'est ce d'ailleurs dont traitera Philippe Gutton.

Et c'est en conformité avec l'esprit de ce qu'il va développer en détail que je n'ai jamais cessé, pour ma

143

part, de dire aux jeunes mères que je voyais à mon cabinet que chaque câlin qu'elles prodiguent à leur homme est une brique de bonne santé de plus dont elles dotent leur enfant. Le message me semble valable pour toutes les mères, juives ou pas, parce qu'elles ont toujours été et qu'elles sont situées, toutes sans exception, à la même enseigne.

Aldo Naouri

III

LE MATRIMOINE

Le rapprochement des deux mots « mère » et « juive » provoque un choc dans les dîners comme dans les apartés angoissés de la vie familiale. L'étincelle allume une foule de pensées. L'ambiance oscille entre rires et crispations, plaisanterie et défi ou dérision. Derrière ces sourires entendus, s'agirait-il d'exorciser quelque diable ? Le mot d'esprit, avec ses ambiguïtés, ses astuces linguistiques, ses doubles masques, Freud nous l'a appris, permet de lever ensemble un refoulement ; il libère l'angoisse. De quelle angoisse la figure de cette mère nous libère-t-elle alors ? Qu'est-ce qui, à propos de la « mère juive », se trouve ainsi « défoulé » par le « rire ensemble » ? C'est drôle, c'est tragique, mais encore ? Quelles images se révèlent-elles à demi au décours de ces plaisanteries ? Les figures maternelles qu'elles évoquent permettent rarement l'expression d'opinions sereines et partagées : les « mères juives » forment une énigme, affirmée – mais cantonnée, puisqu'elles seraient spécifiques à la culture juive. Qu'est-ce qui n'est pas dit, et qui serait peut-être indicible ?

« Se livrant à l'interprétation des histoires juives, Sigmund Freud leur ôte ce qu'elles ont de spécifiquement

juives, pour leur donner un sens universel profond[1]. »
Puisque universalité il y a, dans l'humour comme dans
l'inquiétude, je ne m'appuierai pas sur une histoire biblique ou talmudique pour commencer cette réflexion sur
l'effroi et le rire que provoque la « mère », fût-elle
« juive »... J'irai plus volontiers voir du côté des mythes
grecs et de ce qu'ils nous apprennent sur la femme, sur
le rire qu'elle sait (ou peut) provoquer.

Déméter, déesse de son état, est plongée dans l'afflic-
tion : Hadès, dieu des enfers, a enlevé sa fille, a imposé à
celle-ci la traversée du Styx, et l'a épousée. « Déméter
erre sur la terre. » Mais, un jour, la mère inconsolable
rencontre une autre femme, Baubo. Et celle-ci, devant
ses yeux, retroussant ses vêtements, lui montrant sa
nudité, parvient ainsi à la faire rire... Que se joue-t-il
entre ces deux femmes, Baubo toute sexe (les statuettes
découvertes dans les fouilles de Priène figurent Baubo
sans tête ni poitrine, les traits de son visage peints en
superposition sur ceux de son ventre de femme) et Déméter toute mère ? Je postule qu'à l'occasion de la rencontre, ce que Baubo qui se dénude rappelle à la déesse-
mère – laquelle retrouve alors ce qui s'était effacé de sa
conscience –, c'est une chose énigmatique que je nomme-
rai « féminité ». « Un peu adoucie, poursuit le récit,
[Déméter] dépose les tristesses de son âme, puis de sa

---

1. Sarah Kofman explique ce constat dans *Pourquoi rit-on ? Freud
et le mot d'esprit*, Galilée, 1988.

main prend la coupe en riant, boit joyeuse toute la liqueur du Cycéon. » Peut-on en conclure que la source de sa mélancolie était la méconnaissance de sa féminité ? Et que le spectacle du ventre-visage féminin (sexe et parole) a levé sa méconnaissance ? Posons en tout cas ce constat : femme, Déméter ne peut l'être (le redevenir) que grâce à l'interprétation féminine qu'elle fait de ce qu'elle aperçoit. Et elle en rit...

Quel rapport avec les plaisanteries sur la « mère juive » ? Je crois qu'il y en a un : je suis convaincu que ce « presque rien » qui se dévoile et nous fait sourire, dans les évocations de Woody Allen, ou dans nos digressions sur la « mère juive », c'est la féminité de nos mères. Elle se démasquerait, se révélerait, pointerait dans leurs conduites ou leurs paroles. Pourquoi alors en rire ? Pourquoi les enfants en sourient-ils et ont-ils besoin de se défouler ? Parce qu'il est délicat, pour un fils ou une fille, de repérer le sexuel fascinant de sa mère... d'autant plus si ce fils ou cette fille en est l'objet, la cible ! L'exhibition de la féminité qui leur serait ainsi implicitement destinée ne peut pas ne pas les inquiéter. Ce que disent les plaisanteries sur la mère juive, c'est que les mères se montrent, féminines, à leurs fils ou à leurs filles – comme Baubo se dévoilait pour Déméter.

Si la féminité, dans sa manifestation maternelle, nous fait sourire, voire rire, si elle nous angoisse tous, nous qui sommes sans exception fils ou filles, au point qu'il nous faut nous « défouler » ensemble, prenons à bras-le-corps la question qu'elle nous pose : qu'est-elle donc, cette féminité ? Qu'est-ce qu'être femme, et pourquoi le tableau de cette féminité (celui de Baubo) provoque en nous un tel besoin de défoulement ? Je me propose, dans le développement qui va suivre, de pister l'énigme de Déméter et Baubo pour « démasquer » la féminité, sans bien entendu en lever tous les voiles...

Quatre figures

Je voudrais pour commencer repérer les lignes de forces universelles, et surtout les représentations, à partir desquelles la féminité de chaque femme se créerait. Il ne s'agit pas de passer en revue les morceaux d'un puzzle pour les rassembler : la réunion de trajectoires spécifiques ne constitue pas plus la féminité qu'un ensemble de détails n'organise une forme. Pour que la construction féminine ait lieu, il faut un style ; mais patientons, à ce style qui fait une femme, nous reviendrons.

Renonçons d'emblée à l'opposition classique entre la mère et la femme, chère aux sociologues, aux politiques, aux féministes du XXe siècle et même à trop de discours psychanalytiques. Dans tout acte ou pensée de femme, le désir inconscient d'être mère est là ; dans tout acte ou pensée de mère, la femme est implicitement là. La mère est femme, elle n'est pas presque femme ; le désir d'avoir un enfant est « un désir suprême où peuvent cumuler tous les autres », comme le dit Freud[2]. Parlons donc des masques qu'emprunte la féminité pour s'exprimer, et des biographies de ces masques. J'en propose quatre, qui tous mettent en résonance le corps et l'identité.

Avec la première figure, la petite fille affirme une première différenciation sexuée vers 2 ans. Elle se découvre alors féminine, par empreinte, par transmission de ses parents, et sa vie entière va ensuite s'appuyer sur cette découverte quant à ce qu'elle est – « distinction de genre », écrivait Robert Stoller[3].

La deuxième correspond au trajet que la fillette effectue quand elle tente d'échapper à la symbiose avec sa mère, se fait « ravir » par son père et élabore une nouvelle appréciation de sa féminité, non plus en termes d'« être », mais d'« avoir ».

La troisième apparaît lors de la puberté. Soumise à l'affirmation de la biologie, la jeune fille doit se reconstruire, se récréer, féminine toujours. L'adolescence est alors l'histoire du « commencement d'une femme dans la fin d'un enfant[4] ».

La quatrième se nomme maternalité : par une inversion subtile de l'histoire, l'engagement de la femme dans

---

2. Sigmund Freud, « Sur la sexualité infantile » (1931), *La Vie sexuelle*, PUF, 1967.
3. Robert Stoller, *Masculin ou féminin ?*, PUF, 1989.
4. *Le Robert* définissant l'adolescence emprunte à Victor Hugo cette illustration poétique.

une relation avec son enfant lui fait retrouver l'intimité qu'elle a eue enfant avec ses parents, en particulier sa mère.

De la fusion à la séparation

Du vaste programme que constitue l'histoire de la sexualité infantile, retenons deux aventures qui semblent se succéder dans le temps. La première que mène la fillette, comme tout nourrisson, est celle du lien archaïque, magique pourrait-on dire, entre mère et fille. Fusion, symbiose, « unité narcissique originaire », dira le psy usant des termes habituels qui symbolisent la relation entre la mère et son bébé. L'expérience première est de l'ordre du corps à corps. Et c'est à travers ce lien que passe la transmission érotique inconsciente de la mère à la fille, laquelle assigne déjà un genre à la toute jeune enfant. Mais déjà haine et amour sont archaïquement présents dans le lien[5]. La mère omnipotente inflige inévitablement des blessures narcissiques à sa progéniture simplement parce que celle-ci dépend d'elle, et, en retour, ces blessures l'exposent à l'hostilité ou à l'inverse

---

5. La littérature européenne nous offre de bons témoignages de la persistance prolongée de ce lien primaire avec Virginia Woolf, Marguerite Duras ou encore Colette : « Sido, écrivait cette dernière à sa fille... Tu t'es évadée... Tu es une fille, une bête femelle, ma pareille et ma rivale... ! »

à un cramponnement d'autant plus acharné que l'enjeu est identitaire.

Progressivement, la relation duelle se transforme en situation triangulaire. Un processus de « tiercéité » vient séparer le couple mère/fille[6]. La capacité qu'acquiert l'enfant de se représenter et de parler trouve son origine dans cette « séparation » : la petite fille commence à devenir sujet autonome, semblable à ses parents mais différente d'eux... L'histoire peut alors débuter.

« Je suis » s'articule à « je suis une fille ». Car le sujet devient aussi sexué. La façon dont les parents, la mère en particulier, marquent leur attachement à l'enfant donne à celui-ci la certitude d'être un garçon ou bien une fille. Cette empreinte presque animale passe par le corps ; elle vient de la caresse sur le bébé, qui le masculinise ou le féminise. À cela s'ajoute l'effet du langage, du prénom et du jeu des pronoms (« elle », « lui »), par lesquels se transmet le genre. Évidemment, cette « empreinte » se fonde sur un constat anatomique : si les parents la prénomment comme une fille, l'habillent et parlent d'« elle » ainsi, c'est parce qu'ils voient qu'« elle » l'est anatomiquement. Mais la distinction de genre repose plus sur la transmission parentale que sur le simple constat biologique.

---

6. C'est la « loi ou fonction du père » selon Jacques Lacan, ou encore la « capacité de rêverie de la mère » concernant son bébé selon Wilfred R. Bion.

Cette affirmation du genre, qui s'opère avant 2 ans et se recompose à la puberté, tout peut la masquer, mais rien ne peut l'effacer. Certains anthropologues, ethnologues ou sociologues tendent à nier la distinction nette entre masculin et féminin. Ils refusent l'idée que l'affirmation « je suis une fille » ou bien « je suis un garçon » jouerait un rôle fondamental dans notre vie. À tort, me semble-t-il. Si on cherche à transformer un garçon en fille ou inversement, cela pose bien sûr quelques problèmes d'ordre chirurgical, mais cela risque surtout d'en faire un malade mental sujet au délire. Si on veut changer le sexe d'un enfant de 3 ans, on ne modifie pas son genre. En revanche, si, avant l'âge de 2 ans, on enlève à une « fille » le pénis qu'elle aurait « par erreur génétique », elle devient une fille...

Comment la petite fille peut-elle conserver avec sa mère un lien suffisamment bon pour qu'il constitue une assise, une enveloppe, une base de continuité et de solidité sans rupture ? Alors qu'elle doit « renoncer à posséder exclusivement sa mère » et se détourner d'elle, elle doit rester avec elle... jusqu'à s'identifier à elle en son désir d'enfant[7]. Si la fillette y parvient, se tisse alors entre elle et sa mère une illusion de féminité transgénérationnelle qui peut apporter une profonde sérénité. On sait aussi la capacité élective de la femme à retrouver

---

7. Michèle Montrelay, *L'Ombre et le Nom*, Éditions de Minuit, 1977.

l'expérience première qu'elle a eue avec sa mère dans l'euphorie et le bien-être ou bien au contraire dans l'effroi, le *ravage,* selon l'expression de Jacques Lacan, la mère apparaissant alors comme sphinge, méduse, soleil noir de la mélancolie.

En avoir ou pas

Dans ce que je nomme le travail psychique de l'enfance, un deuxième moment intervient qui entre en opposition avec cette distinction de genre : c'est la phase au cours de laquelle l'enfant élabore ce que l'on appelle les « théories sexuelles phalliques infantiles ». Il est essentiel d'en résumer le principe et le contenu car ils alimentent inconsciemment la pensée raisonnante et les activités imaginaires et symboliques non seulement de l'enfant, mais aussi (et c'est là la grande découverte freudienne) de l'adulte.

Ces théories infantiles inconscientes portent sur le phallus (qu'il ne faut pas cantonner au pénis, au sens strictement biologique). Le phallus est symbole masculin, symbole du sexuel masculin. Et les références sexuelles infantiles tournent autour du fait de l'avoir ou non. Celui qui l'a a l'angoisse de le perdre ; celui qui ne l'a pas voudrait l'avoir. Toutefois, ces deux valeurs ne sont pas en opposition, mais peuvent coexister chez un même enfant, garçon ou fille. Le pénis est l'incarnation du symbole

155

phallique ; « l'avoir » ou « en avoir » est l'indice d'un
« bon » sexe. La théorie sexuelle infantile qui opère la différenciation des sexes chez l'enfant est d'essence masculine. Cette affirmation freudienne a été, on l'imagine aisément, violemment critiquée ; elle est toutefois toujours
admise en psychanalyse. Ce qu'on a pu appeler le
« monisme phallique[8] » installe le garçon entre affirmation du pénis et angoisse de castration, la fille entre envie,
illusion d'avoir le pénis et état de castration. La construction de Freud est dominée par cette conception du féminin comme sexe auquel manque le morceau valorisé par-
dessus tout. Le vagin, organe sexuel intérieur, n'a pas sa
place dans la théorie sexuelle infantile ; il ne définit pas le
genre pour la petite fille qui n'a pas de pénis sans « avoir »
pour autant de sexe féminin. La fillette va-t-elle alors
devoir se constituer dans un état déprimé de regret ? Va-
t-elle se définir par la négative ? Cela va-t-il au contraire
susciter une agression contre le pénis ou encore la certitude qu'elle a l'équivalent ? Mille réactions sont possibles,
mais toujours par rapport au symbole phallique. De sorte
que le symbole de pouvoir par excellence, dans cette
conception, est le phallus. Si, à ce niveau du développement mental, la mère semble dominante, on parlera ainsi
en psychanalyse de « mère phallique », j'y reviendrai.

---

8. Selon l'expression de François Perrier, dans *La Chaussée
d'Antin*, 10/18, 1978.

Il faudra donc que la petite fille trouve un équivalent ou ait suffisamment de masochisme pour prendre plaisir à se soumettre à celui qui « en a ». Ce manque, la fille peut le refouler grâce à des constats anatomiques : le clitoris certes, mais aussi telle ou telle partie du corps, voire le corps tout entier. Raisonnement freudien typique : l'homme a un pénis, la femme a un corps. Tout son corps semble lui servir à faire semblant d'en avoir un. D'autres équivalences se rencontrent : « Je n'ai pas de pénis, mais j'ai un bébé ! » La fillette peut s'affirmer comme faisant partie de ce sexe qui porte les enfants. Dans la logique phallique, il y a chez celui qui a un phallus et chez celle qui n'en a pas une recherche infinie d'équivalences.

Puisque ce jeu d'équivalences fonctionne, on ne peut donc pas définir par ce biais un genre masculin et un genre féminin. Dans cette théorie, il n'y a pas d'hommes et il n'y a pas de femmes ; il y a des gens qui *l'ont* et d'autres qui *ne l'ont pas*. Schématiquement, on pourrait dire qu'une femme qui estime que son clitoris est un phallus est... un homme ; un homme qui considère que son pénis n'a pas de valeur phallique est... une fille. Certains hommes, de peur qu'on le leur coupe, imaginent qu'ils n'en ont pas ou le cachent, tandis que la femme qui n'en a pas s'en imagine un.

Mais c'est encore plus complexe. Tous, hommes et femmes, ont ET n'ont pas le phallus. Les théories sexuelles infantiles autorisent nombre d'affirmations de genre, mais elles ne se laissent contenir dans aucun cliché qui permettrait de classifier les sexes. Les apparences sont multiples et chaque enfant admet et refuse à la fois ces facettes ; il fait coexister et associe dans son inconscient des qualificatifs « phalliques » et « castrés ». Sous ce registre, garçons et filles se classent en d'infinies variantes. Le garçon l'a-t-il un peu plus et la fille un peu moins ? Il y a des petites filles très garçonnes, qui par tout leur corps, leur clitoris, sont dans une position garçonne plus phallique que n'importe quel garçon. Chacun organise ainsi à l'intérieur de lui sa « bisexualité psychique infantile ».

Dès lors, garçons et filles devraient être identiques. Toutefois, cette « bisexualité » s'installe chez un enfant qui a déjà affirmé sa distinction de genre. De ce fait, la bisexualité n'a rien de comparable chez un garçon qui affirme « je suis un garçon » et chez sa sœur qui déclare « je suis une fille ». Ce choix est antérieur à l'émergence de la bisexualité psychique. Et l'élaboration de la « théorie phallique » à partir de l'expérience quotidienne de l'enfance entre en opposition avec elle. La petite fille qui a affirmé « je suis une fille » est engagée dans son enfance dans une logique qui consiste à dire : « Oui, je suis une fille, mais je veux un pénis ; sinon, je suis condamnée à me soumettre à celui qui en a un. » L'affirmation de genre doit passer les arcanes de la logique phallique. Et nombre de cures d'hommes et de femmes montrent que ce passage est l'essentiel de leur problème. L'affirmation d'existence est fondamentale, mais elle peut être constamment niée ou attaquée par le monisme phallique. L'histoire n'est cependant pas finie, car l'étape de l'adolescence annonce l'irruption de la génitalité. Nouvelle menace. Antiphallique, cette fois.

Devenir femme

« Il appartient à la psychanalyse non pas de définir ce qui est la femme (tâche irréalisable), mais de rechercher comment l'enfant à tendance bisexuelle devient une femme[9]. » L'adolescence correspond à la période au cours de laquelle la sexualité infantile commence à être confrontée à l'instinct génital ou pubertaire. « Que m'arrive-t-il ? » L'instinct génital, deuxième temps de la sexualité humaine, entraîne du fait de la biologie une formidable intrusion du sensuel dans les tendres corps et psyché de l'enfance : discontinuité radicale, impulsion au changement, « crise d'originalité juvénile », cassure révolutionnaire de l'histoire. Ce surgissement que rien ne permettait à l'enfant de prévoir bouleverse la donne du passé. Le corps d'enfant se génitalise ; jusqu'alors familier, le voilà étranger, lieu de tous les imaginaires angoissés et jouissifs.

La sexualité féminine passe alors par une nouvelle philosophie du corps. Voilà la jeune fille encore enfant

---

9. Sigmund Freud, *op. cit.*, p. 139-155.

attirée, hantée, aspirée par les changements dont elle est l'objet : pilosité, naissance des seins, modifications de ses apparences, premières règles. Des lieux sexuels privilégiés s'exposent à la main, au regard. Le corps semble devenir énigmatique. Elle fait des découvertes plus inattendues que le garçon, car celles-ci concernent la mystérieuse profondeur de son corps : le vagin, difficile à repérer dans l'enfance, devient une zone érotique privilégiée ; il peut longtemps encore dans l'adolescence être à la fois un lieu intérieur excité-excitable et un orifice méconnu. Cette métamorphose est d'autant plus révolutionnaire qu'elle est indicible. Le changement pubertaire provoque d'étranges sentiments pour lesquels l'adolescente apprend progressivement à trouver des représentations et surtout des mots – et à propos desquels elle doit aussi trouver des interlocuteurs.

La différenciation infantile des sexes selon leur valeur phallique (« j'*en* ai », « je n'*en* ai pas », « il *en* a et pas moi ») se trouve débordée par une nouvelle différenciation par la complémentarité des sexes. Je ne parle pas de l'expérience amoureuse au sein de laquelle la complémentarité reste souvent imparfaite, le manque fondamental de l'humain persistant, mais de la conviction inconsciente pour chaque adolescent qu'il existe au niveau des organes (objets partiels) un sexe interactif avec le sien (un attrait vers l'acte sexuel, le coït dans lequel « nous sommes confondus dans notre étreinte », selon le mot d'Yseult à Tristan). Si les jeux de l'enfance sont surtout explorateurs et autoérotiques, ceux de l'adolescence requièrent la présence d'un autre imaginaire ou réel, alimentant en partenaire les désirs, les valeurs, les attractions et répulsions. Le manque propre à l'humain devient ici un manque sexuel d'un autre. À partir des expériences sensuelles solitaires et avec autrui, explosives pour certaines, en douceur pour d'autres, l'adolescence s'engage.

Il devient nécessaire, voire urgent pour la jeune adolescente de relire le passé à la lumière de ce qui advient, de réviser son enfance. Quels compromis trouver entre l'enfant lourd de son histoire et le pubertaire ? On ne peut revenir en arrière ! Non, l'implantation de l'instinct génital ne va pas de soi chez ce sujet encore enfant, car là où il advient se trouve déjà depuis plusieurs années la sexualité infantile imprimée par la sexualité parentale : fameuse dialectique assurément, qui dans les bons cas fait crise et dans les mauvais bascule dans des conduites psychopathologiques.

Des relations contradictoires et passionnelles se nouent avec ses pairs et ses parents. La sexualité change de centre de gravité. Et c'est particulièrement sensible chez la jeune fille pour qui, c'est le médecin qui parle, le changement sera douloureux, angoissant. Elle se sent fragilisée ; elle a l'impression, juste d'ailleurs, que son passé d'enfant est compromis et son avenir plein de risques ; elle est sujette à la honte et à la crainte. Ne suivons pas Lou Andréas Salomé pour qui la femme est seulement narcissique ; ne suivons pas certains auteurs contemporains faisant de la femme un objet, « un appareil à jouir » ; ne faisons pas de la sexualité féminine une découverte qui pour elle devra attendre la pénétration d'un partenaire masculin. Constatons que le garçon, compte tenu de la valorisation symbolique du pénis, est mieux armé pour s'affirmer, pour s'identifier ; la fille dont le vagin a fait l'objet d'une pression d'effacement pendant son enfance est quant à elle davantage en difficulté d'identité. Elle se trouve plus hésitante à reconnaître ses organes génitaux dans toute leur profondeur. Comment en effet relier le pénis qu'elle ne peut avoir et la découverte génitale de son vagin ?

Chez les jeunes filles, sous emprise du père, du phallus, de ce qu'elles voudraient avoir et n'ont pas, l'arrivée de la génitalité à la puberté risque de rencontrer quelques difficultés. La théorie différentielle des sexes fondée sur les organes génitaux pubères entrant en opposition avec le monisme phallique infantile, la structure psychique devra être suffisamment souple pour accueillir la nouveauté pubertaire.

Progressivement, à mesure qu'elle se dégage des images et des réalités parentales, un fantasme se développe chez la jeune fille : un fantasme d'enfant, un désir de grossesse. L'organisation de ce désir me semble être un critère intéressant pour définir ce que c'est que d'être adulte. Elle amorce en tout cas une nouvelle figure.

Devenir mère

Le fait d'être mère implique mille conduites et pensées afférentes au fait d'« avoir un enfant ». Il me semble intéressant de distinguer, dans cette secrète procédure d'emprise, trois éléments. Tout d'abord un véritable besoin, animal oserais-je écrire, de procréer. Il ne s'agit pas exclusivement du besoin de fabriquer l'enfant, mais également d'en assurer le soin, d'aider à son développement et d'en assurer l'éducation. Cet « instinct » peut participer de ce que Freud regroupe sous le terme assez vague de « pulsions d'autoconservation ».

Un deuxième élément vient s'étayer sur le corps saisi par l'instinct : le désir d'enfant. Il comporte comme tout désir une certaine ambivalence. Elisabeth Badinter a montré que cet étayage n'allait pas de soi, qu'il incluait des variantes culturelles importantes[10]. Monique Bydlowski a, quant à elle, distingué plusieurs temps dans la maternalité[11] : désir d'être enceinte, désir d'enfant, désir à l'égard de l'enfant... La grossesse est un moment privilégié de regard intérieur, de transparence psychique de la femme. Pendant ces mois, les images du passé reviennent au présent. Les soins maternels sont ensuite

---

10. Elisabeth Badinter, *L'Amour en plus*, Flammarion, 1978.
11. Monique Bydlowski, *La Dette de vie. Itinéraire psychanalytique de la maternité*, PUF, 1997 ; voir aussi *Je rêve un enfant*, Odile Jacob, 2000.

l'expression des désirs de la mère révélant une singulière intuition de la demande de l'enfant. Dans ce que Michael Balint a décrit comme « amour maternel primaire », on repère le modèle secret de toutes les expériences amoureuses. Dans quelle mesure cette communion intersubjective, cette mutualité entre mère et bébé s'élargit-elle au père ? Il est classique de poser cette question autrement : comment la fonction paternelle inscrit-elle dans le dualisme mère/bébé un troisième terme ? Est-elle incluse dans le psychisme inconscient de la mère ? Requiert-elle un homme présent à côté du berceau ? J'approfondirai l'idée, mais formulons-la dès maintenant : ces expériences vécues avec l'enfant et le père sont les moments où se réinaugure la féminité. Dès les premiers jours de la vie, une triade se constitue... Dès la grossesse, un ménage à trois s'instaure qui va singulièrement se complexifier avec l'organisation œdipienne de la grande enfance : voilà les origines de « l'enfant merveilleux » ! Rappelons-le : être désiré est une créance.

Quant à la troisième mission, le désir de transmission, de filiation, de descendance, j'y reviendrai de façon approfondie plus loin.

La maternalité est organisée comme une expérience de quasi-métamorphose de la féminité. Avoir un nouveau-né peut apparaître comme un des moments d'auto-engendrement de la féminité psychique, véritable espace d'émancipation. La mère *est* femme en créant (avec le père) un enfant. De plus en plus, dans notre civilisation, la femme peut y trouver une grande liberté d'action. La dissociation entre la jouissance sexuelle et la transmission procréative, grâce au progrès de la contraception et des techniques de procréation médicalement assistée, va dans ce sens. Le fantasme « je procrée quand et si je le veux » est de plus en plus réalisable ; il reflète une emprise féminine plus ou moins consciente concernant l'homme *et* l'enfant à venir. La maternalité serait même une cause d'allégeance de l'homme à la femme : aucun homme ne peut se dire père s'il n'a été désigné comme tel par la mère, c'est là un enseignement sur lequel Françoise Dolto est revenue bien souvent. Dans quelle mesure l'enfant est-il sensible à cette secrète et dominante nomination ? « Que peut trouver ma mère à cet homme crispé, faible, maigre, constipé ? » se demandait Alexander Portnoy.

De même, un psychanalyste de Beyrouth écrit : « Malgré toutes les apparences machistes de la société libanaise, ce pays reste pourtant un authentique matriarcat. La femme libanaise règne sans partage sur l'avenir de sa progéniture dont elle surveille les intentions et réprime les dérives[12]. » Si l'on généralise cette position sociale de la mère, on comprend mieux pourquoi la femme consent à s'y replier et souhaite y faire retraite lorsque sa féminité lui est refusée par la communauté des hommes.

---

12. Jean-Luc Vannier, *En voiture Simone ! Du complexe de masculinité chez la femme libanaise* (à paraître).

165

Dans le huis clos familial, le bébé, l'enfant, l'adolescent jouent le rôle de complément narcissique de leurs parents, qui projettent sur eux leurs idéaux ; l'enfant est l'objet de leurs satisfactions ambivalentes et de leurs interdits. Tous ces jeux d'emprise ne suffisent toutefois pas pour que la féminité s'exprime dans la maternalité. Car il faut encore que la mère imagine son enfant autrement : pas seulement comme un objet partenaire, mais comme un sujet original, créateur de ses propres désirs, de son narcissisme, bientôt de ses interdits et de ses idéaux propres. Les parents doivent apprendre vite qu'ils ne savent pas tout et qu'ils ne sont pas tout. Déjà le fœtus, « l'enfant du dedans[13] », longtemps considéré comme pris dans le narcissisme maternel, manifeste des anticipations de son altérité. Dans le « sein » de la mère a lieu une différenciation, une autonomisation beaucoup plus importante que ne le pensaient les scientifiques il y a une trentaine d'années. Le devenir-sujet du bébé débuterait dans le corps maternel, dans le lieu même de sa « nidification psychique ». L'enfant sera toujours autre que celui que les parents imaginent fabriquer ; ils n'ont pas le savoir-pouvoir qu'ils croient avoir et qui justifie toute leur culpabilité.

Prenons acte que, pour exister, un enfant a besoin pendant un certain temps d'un appareil psychique exté-

---

13. Sylvain Missonnier, « La femme devenant mère », *La Parentalité. Un hommage international à Serge Lebovici*, PUF, 2003, p. 140-157.

rieur, celui de la mère et du père. Cette nécessité, évidente pendant l'expérience de la grossesse, ne disparaît pas rapidement, loin de là ; le bébé la requiert, et l'enfant s'en dégage sous l'effet des processus de latence, quand, vers 7 ou 8 ans, la rivalité œdipienne se passe alors que la métamorphose de la puberté n'a pas encore fait irruption. Pour qu'il soit aidé dans son développement et qu'il puisse en même temps échapper à cette aide et se débrouiller seul, les positions parentales doivent être en même temps (et non « aussi ») celles de la féminité et de la masculinité. La mère est « suffisamment bonne » (comme l'a dit Donald W. Winnicott) parce qu'elle est femme ; de même que le père « suffisamment bon » est homme.

Allons plus loin : la féminité se façonne dans la maternalité, au contact même de l'enfant en train de construire sa personnalité, et parce que cette construction se produit. « Être féminine », ce serait croire en la liberté des processus intervenant pour faire un sujet de celui qu'on nomme (longtemps et paradoxalement) « mon enfant » ; et s'en réjouir, dans le bonheur de l'activité de mère.

Voilà les quatre figures ou masques successifs de la féminité. C'est à travers elles, dont aucune n'est fondatrice, que la femme advient. Cette création fait émerger un « presque rien » qui est un « presque tout », un « incertain » qui est précisément ce qu'on nomme féminité. Qu'en faire ? Les lier pour devenir femme. Sans ce travail de liaison, c'est le morcellement : la femme

devient « toute mère » ou encore « tout sexe ». La féminité se tient secrètement dans tous ces états ; sachons la
rechercher. Ne disons pas comme cet adolescent délin-
quant emprisonné pour avoir battu sa mère, entre autres
méfaits : « Je ne supporterai jamais que ma mère soit
une femme. »

De la féminité

La féminité s'approche, mais elle ne se définit pas.
Ne cherchons surtout pas à la poser en symétrique de la
masculinité. « Je suis féminine » : voilà ce qu'une femme
peut dire d'elle-même d'après ses conduites, ses fantasmes et ses rêves ; à la faveur des récits qu'elle se fait
dans son for intérieur avec un autre, intime, qui s'y
trouve ; et éventuellement en face d'un autre avec qui
elle dialogue. Ancrée dans ce qui est ressenti, dans les
représentations et les mots, la féminité n'est pas abs-
traite ; elle tient compte d'autrui, de sa parole, de son
regard et de son corps. « Me trouves-tu féminine ? » La
reconnaissance de la « féminité essentielle », comme
l'écrit Monique Schneider[14], est toujours mutuelle, intersubjective ; elle dépend d'un travail psychique, d'un
compromis identificatoire toujours en élaboration avec
les parents, dans le couple, avec les enfants.

---

14. Monique Schneider, *Le Paradigme féminin*, Aubier, 2004.

Depuis Freud, on présente toujours plus ou moins la féminité comme une « irréductible énigme » cachée sous des masques psychologiques et sociologiques[15]. « Continent noir » ou *terra incognita*, elle serait à la fois source de fascination et d'effroi car elle échapperait toujours au signifiant et à l'image. Aucune incarnation ne pourrait exprimer la féminité, qui ne peut pourtant se dire qu'incarnée. Freud avait reconnu une mise en image de l'essence de la féminité en Mona Lisa et son énigme[16]. « La Joconde exhibe la figuration la plus parfaite des oppositions qui régissent la vie amoureuse de la femme, réserve et séduction, tendresse pleine d'abandon et sensualité d'une exigence sans égard, dévorant l'homme comme quelque chose d'étranger[17]. » La femme de chair est un masque, peut être un fantôme que je peux interroger pour y découvrir la féminité, mais je sais qu'il ne peut y avoir d'adéquation entre ses conduites et la féminité.

Le mot « énigme » renvoie à une chose qui est non seulement difficile à comprendre, mais aussi à deviner. Du reste, il est largement utilisé pour approcher la question du sujet aujourd'hui. Est-il toujours énigmatique, qu'il soit homme ou femme ? Et en quoi la féminité le

---

15. Deux textes résument la pensée freudienne concernant la féminité : « Sur la sexualité féminine » (1931), *La Vie sexuelle*, PUF, 1969, p. 139-155 et « La féminité » (1932-1933), *Nouvelles Conférences sur la psychanalyse*, Gallimard, 1936, p. 153-185.

16. Sigmund Freud, *Un souvenir d'enfance de Léonard de Vinci*, Gallimard, 1987.

17. *Ibid.*

serait-elle plus que la masculinité, si l'une et l'autre ne peuvent se penser qu'ensemble, en intersubjectivité ? Ce qui est « énigmatique » échappe à la rationalité (phallique). La force féminine qui relie les masques est irrationnelle ; même si elle associe des représentations entre elles, elle est irreprésentable et encore moins compréhensible. Il y a dans le devenir femme une dimension qui échappe à la logique phallique, une dimension a-phallique, qui transcende toute organisation de pensée ou institution.

Le questionnement sur la féminité ne doit pas se réduire pour autant à un assemblage. Ce que j'ai décrit plus haut, ce ne sont pas des briques encore éparses qui, réunies, constitueraient la féminité ; si l'un des masques que j'ai présentés devenait à lui tout seul visage, il cesserait de remplir sa mission ; pire, il deviendrait piège[18]. Gardons-nous aussi de dire que la féminité est un compromis entre le maternel et le féminin, ou encore que l'un serait le négatif de l'autre. La féminité est au contraire une force secrète de liaison de la mère à la femme que ni l'une ni l'autre ne peut figurer, qui n'exclut ni l'une ni l'autre. Tout se passe comme si devenir femme, être femme ouvrait l'accès à une jouissance du corps en tant que féminin *et/ou* maternel[19].

---

18. Selon l'expression de Jacqueline Godfrind, dans *Comment la féminité vient aux femmes*, PUF, 2001.
19. Michèle Montrelay, *op. cit.*

Ne confondons pas les voiles dont la féminité se revêt avec ce qu'elle serait (conditionnel toujours nécessaire) en vérité. Elle se donne en effet d'abord à partir de dénégations : « Je ne suis pas ce que vous représentez de moi », « Je ne suis pas ce que je montre. » Nier est une façon d'affirmer quelque chose que l'on préférerait cacher, refouler – tout en disant la chose grâce à une dénégation par laquelle « la pensée se libère des limitations du refoulement et s'enrichit de contenus dont elle ne peut se passer pour son fonctionnement[20] ». Et Freud d'ajouter : « La reconnaissance de l'inconscient de la part du moi s'exprime en une forme négative[21]. » La féminité en tant que qualificatif inconscient s'offre en se niant : « Je ne suis pas une mère », « Je ne suis pas une femme », affirmeraient la féminité ; toutes les figures de style ou les masques de femmes esquissent leur secret par cette coquetterie (« Ce n'est pas cela, mais... ») prudente destinée, comme on le verra, à déjouer la violence phallique.

Diviser pour réunir

Le « Je suis une femme » est indivisible comme le Je en lui-même. La féminité est une ; elle est, mieux encore, une formidable force de liaison entre les diverses images

---

20. Sigmund Freud, « La négation » (1925), *Résultats, idées, problèmes*, vol. II, PUF, 1985, p. 136.
21. *Ibid.*, p. 139.

et conduites. « Éros [qui] maintient tout en cohésion dans le monde[22] », dynamique de vie, doit composer avec la classique libido infantile, « d'essence masculine », avec le désir abrupt de faire l'amour et d'avoir un enfant.

Craignant l'union des formes de la féminité, le masculin phallique les fragmente ; il divise pour régner sous le registre de l'interdit de l'inceste et prend argument de « la peur de la féminité » dont nous verrons les corollaires bientôt. La masculinité transforme les variants en éléments séparés. Butant ainsi devant la position masculine, les éléments se clivent en la femme, elle ne peut plus les lier, elle en perd sa féminité – revoilà Déméter ! Des paroles d'homme hantent le dialogue intérieur de bien des femmes : « Tu ne peux être femme, mère et exercer une fonction sociale ! » Michel Leiris disait ainsi à Françoise Héritier qu'« il se refusait à avoir des enfants car il lui aurait semblé par la suite qu'en couchant avec leur mère il entrerait dans l'inceste[23] ». Et l'anthropologue de conclure que l'écrivain n'avait pas tort car il se trouvait, en sa situation maritale, dans une forme d'« inceste du deuxième type ». Cet inceste-là aussi se

---

22. Sigmund Freud, « Psychologie des masses et analyse du moi » (1921), *Essais de psychanalyse*, Payot, p. 123-217.
23. Françoise Héritier, *Les Deux Sœurs et leur mère. Anthropologie de l'inceste*, Odile Jacob, 1995. L'inceste du deuxième type (par exemple partager le même homme pour deux sœurs ou partager le même bol) se définit comme « relations au cours desquelles se trouvent "en collusion illicite" des humeurs identiques ; le cumul de cet identique [...] nuit à ce qui dans le langage de la parenté fonde le corps humain de façon irréductible : la différence des sexes ».

traduit par des règles et des conduites inconscientes au quotidien. Selon le monisme phallique (conviction secrète de l'homme et de la femme), tout rapprochement entre maternel et féminin mettrait en péril la féminité. Chacun son rôle ! Il faut que la distinction entre la mère et la femme soit suffisamment claire, pour que « la femme » puisse demeurer indivisible. Il faut distinguer pour lier.

Prenons l'exemple d'une incarnation de la féminité : le sein. Le sein érotique *et* le sein nourricier ont une semblable anatomie dont l'aspect agréable est loin d'être toujours partagé par la culture[24]. Zone de satisfaction narcissique et sexuelle dès la puberté, il est aussi le lieu par lequel s'effectue la séduction ordinaire de la mère, où se produit et se donne le lait. Quelle bivalence symbolique ! Élixir de vie, il est ailleurs poison[25] pour l'enfant ou pour la mère : « Fait pour nourrir l'enfant ou pour tuer la mère », disait Victor Hugo, grand connaisseur en matière d'érotisme. On connaît les interprétations de l'allaitement tour à tour calmant ou excitant à l'endroit du bébé, favorisant l'esthétique ou la dégradant du côté de la mère. On connaît également la fameuse

---

24. Hélène Parat-Torrieri, « L'impossible partage. La fougue du lait et les figures imaginaires de l'allaitement maternel dans le discours médical (XVIᵉ-XIXᵉ siècle), *Nouvelle Revue de psychanalyse*, 1992, 45, p. 23-48.

25. On sait aujourd'hui que le lait est un lieu électif de transmission, comme dans le cas du virus du sida. Cette information s'oppose à la culture de l'allaitement largement répandue en particulier dans les pays d'Afrique contribuant à l'expansion de la maladie.

dialectique entre le lait et le sperme : les relations sexuelles sont-elles admissibles pendant la durée de l'allaitement ? Que le partage semble mal tempéré entre le plaisir de l'allaitement et celui de Vénus ! Ainsi l'identique doit-il être évité et les différences accentuées. Voilà ce qui justifie, selon le monisme phallique, de séparer vie de famille et vie sexuelle, j'y viendrai bientôt.

Féminité/tiercéité

La féminité pour la femme est une véritable force de création avec les autres. « On ne naît pas femme, on le devient », estimait Simone de Beauvoir[26]. La féminité demeurait à ses yeux une promesse, une construction, un devenir, dont les racines n'étaient ni dans le social ou la culture ni dans le biologique ou l'anatomie… Et pas davantage dans l'inconscient, car elle reprochait aux psychanalystes de comprendre et de décrire le destin féminin en négatif de l'homme. Or ce destin est une force psychique fécondante, active de génération en génération sans que l'on puisse l'opposer à la masculinité dans un souci abstrait (et absurde) de symétrie. Si la féminité est une vérité de soi, elle est également un enjeu de lutte. Interrogeons-nous donc sur les stratégies secrètes à l'œuvre ici, celle d'une mère centrée sur son

26. Simone de Beauvoir, *Le Deuxième Sexe*, Gallimard, 1949.

enfant, celle d'une amoureuse, celle d'un objet que les médias aiment à offrir aux hommes, celle d'une cheftaine d'industrie, d'une militante ou d'une féministe.

Dans la relation entre la mère et son bébé de moins de 3 mois, où est la force de féminité ? Schématisons un peu.

Premier moment, que nous pouvons qualifier de dualité fusionnelle ou symbiotique : une mère est en train de changer les couches de son bébé, elle regarde ce qu'elle fait et parfois le reste du corps de l'enfant, en particulier ses yeux. Ce dernier mobilise son regard vers le haut et recherche confusément l'interaction vers les yeux de sa mère. Lorsque celle-ci est trop prise par son activité, l'échange se révèle impossible, le regard du bébé devient fixe.

Deuxième moment : le regard de la mère, dont les mains continuent à être occupées, se porte dans un champ latéral vers un point extérieur, vers le partenaire, le père, tandis que celui de l'enfant cherche à accrocher la trajectoire. Dans les bons cas, dirions-nous, ces deux regards convergent vers l'objet commun, que nous nommerons « tiers ». À ce stade, il n'est tel que parce que regardé et il n'est investi que s'il se laisse faire. Ce cotransfert (ou déplacement) est nécessaire, mais pas suffisant pour qu'un processus tiers, une « tiercéité » advienne.

Troisième moment : dans la mesure où ce tiers investi est permanent et actif, la relation entre mère et bébé devient de plus en plus triangulaire. Bien entendu, il se peut toujours que le tiers noue lui-même des relations duelles : sur le modèle père/bébé ou père/mère.

C'est ainsi que l'intérêt de la femme pour son homme transforme une relation à deux en relation à trois. Cette transformation est créatrice de relations nouvelles pour chacun d'entre eux. La féminité est ici l'art de lier génitalité et maternalité. On se rappellera cette séquence lorsqu'il sera question de la toute-puissance persistante de la relation mère/enfant chez les mères qualifiées de « juives ».

On le voit, la féminité est un processus tiers organisateur et différenciant[27]. Il intrique les figures que j'ai présentées plus haut, entre l'abscisse de la chair et l'ordonnée des mots, entre nature et culture : ces deux coordonnées définissent la capacité de représentation de soi en tant que femme[28]. Elle assure un va-et-vient entre les processus originaires, proches du sensoriel, et les processus secondaires, que le langage constitue. Enracinée dans l'érotisme, ce serait une force qui donne à penser, à imaginer, à agir, à parler. Mais ce qu'on ressent échappe aux représentations, aux mots[29], et ces derniers sont réducteurs. On peut entendre le chant de Mélusine

---

27. Thème repris par Jacqueline Schaeffer, *Le Refus du féminin*, PUF, 1997, sous la dénomination de travail du féminin.
28. Ce qu'André Green appelle les processus tertiaires. Je reprends ici dans le raisonnement son titre. André Green, *La Causalité psychique entre nature et culture*, Odile Jacob, 1995.
29. Effacement des éprouvés puis refoulement des représentation lorsqu'elles sont dites, voilà l'importance de la dénégation dans l'expression féminine, telle que je l'ai définie plus haut.

tandis qu'elle prend son bain dans l'intimité de sa chambre, mais nul ne doit la voir chanter.

Y a-t-il une « identité féminine » ?

Le concept d'« identité féminine » reflète-t-il cette problématique tertiaire ? L'identité a longtemps été considérée comme une entité fixe regroupant des ingrédients qu'on croyait pouvoir définir en termes biologiques, psychologiques et sociaux. Depuis les travaux d'Anne Oakley[30] et ce remarquable précurseur que fut le psychanalyste Robert J. Stoller[31], le travail identitaire est conçu comme un processus beaucoup plus souple, au sein duquel le « sexe » fait référence aux différences biologiques entre mâle et femelle, tandis que le « genre » renvoie à la culture, qui classe elle-même en masculin et féminin. Si le premier est dans une relative invariance, le second varie selon les idéologies. Il existerait même une différence des sexes entre femmes. Tout récemment, le sociologue Jean-Claude Kaufmann[32] a proposé d'aborder l'identité non à travers ses supports ou ses contenus, mais à partir des essais qu'accomplit l'individu pour exprimer le sens de son existence. L'identité deviendrait

---

30. Anne Oakley, *Sex, Gender and Society*, Harper Colophon Books, 1972.
31. Robert Jean Stoller, *Masculin ou féminin ?*, *op. cit.*
32. Jean-Claude Kaufmann, *L'Invention de soi*, Armand Colin, 2004.

« l'histoire de soi que chacun se raconte ». La panne
identitaire viendrait du fait de ne plus croire en ce récit.
Et de fait, dans une société où les repères s'effacent,
où l'espace-temps se morcelle, où les individualismes
s'affrontent, la tendance est forte de se figer dans un
aspect unique de soi, sur une partie considérée comme
un tout immobile, comme une « essence » secrète. Plai-
dons résolument pour le pluriel dans l'unicité : la féminité à géométrie variable. Et rappelons que le lien culturel entre les personnes comprend à la fois le semblable et
le différent ; je ne peux dialoguer qu'avec celui dont je me
distingue, mais qui peut m'entendre. Le semblable différent définit l'altérité et débouche donc sur une éthique.

Toutefois, le danger du pluriel échappant ou ris-
quant d'échapper à l'universel a été vite repéré comme
une faiblesse (en particulier selon le féminisme du
XXe siècle) par les puissances vigilantes de la communauté phallique. Depuis longtemps et surtout depuis
les travaux d'Erwin Goffman[33] et ceux d'Anne Oakley[34],
nous savons que la sociologie est une science de la
société mâle, ou plutôt la science mâle de la société :
construite par des hommes dans une société à domination masculine, elle oublie les femmes ou, plutôt, elle
les oubliait. Ainsi se conçoit le célèbre aphorisme de
Jacques Lacan emprunté à Drieu La Rochelle, dogme

---

33. Erwin Goffman, *L'Arrangement des sexes*, La Dispute, 2002.
34. Anne Oakley, *op. cit.*

d'un conservatisme patriarcal pourtant suranné : « La femme n'existe pas[35]. » Élisabeth Roudinesco en a repris l'argument tout récemment[36] : « Elle n'est pas toute (dira Lacan), ni une nature, ni une catégorie, ni une totalité, ni une culture. Elle n'est jamais *pour l'homme*[37] au même moment, ni dans le même instant ce que l'on croit qu'elle pourrait être » ; en corollaire, « la famille ne [peut] être que l'expression sociale d'un désordre psychique parfaitement ordonné en apparence, mais sans cesse détruit de l'intérieur ».

La femme intersubjective

La féminité se « tricote », dirait Boris Cyrulnik, entre nature et culture, dans la relation aux autres, dans « le désir de l'autre », bref, l'intersubjectivité. Quand je dis les autres, ce sont à la fois ceux qui se trouvent devant la femme, au-dehors, dans l'actuel, dans l'événement, et ceux dont le discours est interne à sa vie psychique, qui sont dans son inconscient. C'est ainsi par un jeu d'essais et d'erreurs, à travers des fantasmes et les événements que la féminité s'organise, en évolution sans fin. Elle ne se laissera jamais objectiver par une classification ou selon un résultat normatif. La tiercéité

35. Jacques Lacan, *Le Séminaire*, livre XX, « Encore », 1972-1973.
36. Élisabeth Roudinesco, *La Famille en désordre*, Fayard, 2002.
37. Je souligne cette référence.

de la femme qui la fait sujet de ses pulsions, de ses fantasmes, de ses conduites est une trajectoire interne à elle-même, développée depuis l'enfance, à travers les scénarios qu'elle a eu l'occasion de jouer avec ses parents (et sans doute indirectement avec ses grands-parents). Les données infantiles se reconstruisent à la puberté, puis à travers les expériences de la vie. Cette procédure est à la fois interne et externe : la subjectivation est toujours une intersubjectivation.

Ne faisons pas pour autant de la spécificité féminine de la subjectivation quelque chose de réductible à une construction sociale, comme le voudraient bien souvent les sociologues. Le déploiement de sa création comprend certes un jeu social dans lequel de nombreux facteurs interviennent. Insistons en particulier sur le formidable poids du pouvoir-savoir phallique, enjeu de polémiques d'une rare violence alors même que s'affrontent les dogmes patriarcaux d'hier et l'évolution contemporaine du statut de la femme. Les découvertes biologiques dans le champ de la procréation accentuent la dissociation entre plaisir sexuel et reproduction ; la liberté des mœurs, même si la révolution sexuelle annoncée par Wilhelm Reich est restée sans lendemains enchanteurs, incite régulièrement aujourd'hui au puritanisme, y compris certains de nos collègues ; l'ouverture accrue du monde du travail modifie la donne des relations parents/enfants : les travaux de Maurice Godelier montrent avec une grande solidité que le sexuel capable d'enfanter de telles polysémies est bien un facteur potentiel de désordre social, voire de chaos[38]. La part « a-phallique » de la féminité, celle qui échappe au système phallique, se révèle inquiétante pour le monisme phallique ambiant, chez l'homme comme chez la femme. « L'être féminin que visait la loi (phallique) s'est toujours tenu à son écart », écrivait récemment encore Aldo Naouri[39].

Voilà mieux mises en évidence à la fois la fragilité et la force de la féminité. La suite de l'histoire va confirmer cette double qualité contradictoire.

Répudiation

Reconnaître la féminité est donc affaire de liens intersubjectifs. La relation entre sujets étaye la subjectivation de chacun ou s'oppose à elle. Chaque rencontre plonge ses racines dans le passé de chacun, répétant les similitudes et les différences. Que se passe-t-il alors lorsque la féminité d'un sujet n'est pas reconnue ?

Disons-le tout de go : le monisme phallique est ici clairement accusé pour sa méconnaissance de la féminité. La référence phallique est totalitaire quand elle prétend valoir dans toute relation humaine. Distinguons

---

38. Maurice Godelier et Jacques Hassoun, *Meurtre du père, sacrifice de la sexualité*, Arcanes, 1996.
39. Aldo Naouri, *Les Pères et les Mères, op. cit.*

pourtant deux lignes de méconnaissance, étroitement liées : culturelle et individuelle.

Première proposition : les causes de la répudiation de la féminité seraient culturelles[40]. On peut invoquer ici ce que Freud a décrit en 1923 sous le terme de surmoi collectif, élément culturel répressif imposant des renoncements individuels qui tendent à effacer l'altérité. Pas de répression sans idéologie, bien sûr. Il ne s'agit pas seulement d'interdire, mais d'inspirer, d'expliquer, de convaincre, de justifier, selon une logique justifiée par ses buts. Tel est l'objectif de la pensée « machiste ». Les forces répressives apparaissent comme un corollaire immédiat des sociétés patriarcales. Bref, les hommes persistent à accaparer le statut de dirigeants, et la philosophie de la vie de famille semble toujours un peu à la traîne, incapable qu'elle est d'endosser un fonctionnement démocratique : les signes de pouvoir phallique persistent, travestis à tort en « références » ou en « repères », selon une regrettable confusion entre l'autorité qui construit la subjectivation et le pouvoir qui brise[41] ; les incitations se multiplient aux divers intégrismes religieux et politiques (pensons aussi au puritanisme qui fait retour aujourd'hui, sous les traits de l'idéalisation de la bonhomie patriarcale, et au clergé traditionnel à la Bal-

---

40. Pour le psychanalyste, elles relèvent du groupe : groupe interne dont nous nous représentons les scénarios ; groupe externe dont nous sommes un élément.
41. Ce thème fondamental est simplement cité ici, je le reprends bientôt.

zac) ; la condition féminine évolue lentement, d'autant plus qu'un certain féminisme à l'américaine comporte des nuances fortement répressives à l'égard de la féminité. C'est clair : toutes les cultures sont porteuses d'une certaine répression de la féminité. La société juive en est un exemple parmi d'autres. Selon Jacques Le Rider[42], le « juif » représenterait l'incarnation d'une féminité viscérale logée au cœur de l'humain ; « antiféminisme et antisémitisme vont souvent de pair » ; Otto Weininger écrivait déjà que « le judaïsme semble imprégné de cette féminité qui représente le contraire de toutes les valeurs masculines ».

Plutôt que de reconnaître la sexualité comme facteur potentiel de désordre social[43], c'est bien souvent la féminité qui est accusée de causer du désordre dans la société et érigée en bouc émissaire. Tout œuvrerait alors à la répression de ce danger et précisément à maintenir la femme dans son statut d'objet. Ainsi l'impudeur féminine serait-elle source de chaos : voilons les jeunes filles et les mères... Peu importe si les « mauvaises femmes » se donnent à voir partout, ce qui compte, ce sont les autres. Le mouvement Ni putes ni soumises est par son titre même révolutionnaire, c'est-à-dire immoral ! La loi de l'homme est assurément celle du mari-père, dont

---

42. Jacques Le Rider, *Le Cas Otto Weininger. Racine de l'antiféminisme et de l'antisémitisme*, PUF, 1982 ; cité par M. Schneider, *op. cit.*
43. Comme nous le disions plus haut en citant M. Godelier et . Hassoun.

l'objet « épouse-mère-enfant » est un attribut narcissique. Elle aurait la singulière mission de maintenir par
droit culturel ancestral la division mère/femme, qui
efface la féminité.

Exemplaire de mon raisonnement concernant la
complicité phallique institutionnelle est le terme de
« communauté de déni » avancé par Michel Fain[44]. La
communauté dénierait la féminité. Nous utiliserons
cette appellation en l'appliquant de façon générale à
toute société ou bien à certains groupes (couple, lieu
professionnel, sous-groupe culturel). L'auteur évoque ces
groupes d'hommes en goguette qui ont laissé « bobonne »
à la maison et qui parlent des femmes comme si elles
étaient toutes semblables dans ce qu'elles peuvent
apporter aux hommes et ne différaient que par leur
apparence (d'objets). Entre eux, la femme est là, mais la
féminité est effacée. Selon l'adage de Hegel, les femmes
sont « l'éternelle ironie de la communauté ».

Michel Fain a intitulé son livre *Éros et Antéros*. Éros
symboliserait la féminité. Il est menacé par son jumeau
Antéros, représentant de la société. Tous deux sont fils
de Vénus. Le principe est « le profond antagonisme présent en chaque être humain entre son aspiration au bonheur personnel et son aspiration à se fondre dans une
collectivité ». La dialectique du narcissisme et du pul-

---

44. Michel Fain et Denise Braunschweig, *Éros et Antéros. Réflexions psychanalytiques sur la sexualité*, Payot, 1971.

sionnel qui conduit les travaux de l'auteur se déplace vers l'opposition entre les exigences du groupe et la quête d'« unité sexuelle dans la complémentarité de la différence des sexes[45] ». Antéros est le représentant du poids collectif de l'idéologie narcissique phallique[46]. Confondu avec « le principe de plaisir du groupe sous l'égide de la loi paternelle[47] », il serait le représentant des limitations imposées par la société à la sexualité de chacun ; à ce titre, il est symbole du manque caractéristique de l'humain. L'amour n'est pas seulement Éros, mais Éros toujours partiellement victorieux d'Antéros.

Cette idéologie est portée en première évidence par le groupe réel et imaginaire des « jeunes mâles », écrit Michel Fain. (On sait combien la théorie freudienne est marquée au sceau de l'homosexualité masculine inconsciente.) Nous savons que les jeunes femelles sont de chauds partisans phalliques. L'idéologie serait titulaire du narcissisme phallique paternel emprunté à une déesse mère toute-puissante, rétrospectivement nommée par eux phallique et profondément enfouie dans l'inconscient. Toute la force du groupe des hommes repose sur une puissance maternelle fondamentale. La loi des mâles se rédige en effaçant celle des mères, textes sur textes.

45. *Ibid.* Voir aussi Sandor Ferenczi, *Thalassa. Psychanalyse des origines de la vie sexuelle* (1923), Payot, 1976, p. 8.
46. Philippe Gutton, « Regent Street », *L'Idéologie au sein des idéalisations d'adolescence*, PTHA, 1/2, 1997, p. 161-176.
47. Sandor Ferenczi, *op. cit.*, p. 11.

Assurément, une sorcière veille au fond de tout fantasme, tel l'œil de Georges Bataille[48].

L'ombre phallique entraîne la méconnaissance de l'aptitude féminine originelle au plaisir[49]. La description d'un stade phallique sur la base de l'envie du pénis chez la petite fille et la compréhension de son anatomie à partir des images masculines sont autant d'exemples de ces dénis masculins de la réalité féminine. « Il est resté imprimé à la sexualité féminine [je dirais la féminité] une direction qui la subordonne non pas à la sexualité mâle, mais au narcissisme phallique, ce dernier étant dans son essence antiérotique[50]. » On comprend que, devant un tel déni groupal, la féminité ait avantage, par prudence, à s'exprimer par des dénégations.

Chez l'homme comme chez la femme, Antéros se porte bien aujourd'hui. L'adhésion de la femme à l'idéologie narcissico-phallique lui confère rétrospectivement le sigle (lui-même négation de la féminité) de mère phallique. Cette mère est ainsi amenée « à trahir sa fille au nom de la société[51] ». Lorsque son fils est source d'un investissement privilégié, il peut être le véritable écho officiellement admis des mères, peut-être même du « groupe des mères » ; dès lors, il est contesté par le père et les frères. Marie ne serait-elle pas la mère juive exem-

---

48. Georges Bataille, *Histoire de l'œil*, Gallimard, 1993.
49. Michel Fain et Denise Braunschweig, *op. cit.*, p. 74.
50. *Ibid.*, p. 79.
51. *Ibid.*, p. 83.

plaire, elle qui a écarté le charpentier Joseph pour suivre le messie ?

La constitution temporaire ou durable d'un couple peut dresser un lit où la féminité est électivement méconnue ou simplement attaquée. Je ne distinguerai pas la méconnaissance interne à la femme héritée de son système générationnel et la méconnaissance de son partenaire. Voilà une affaire de chaque instant relevant de la psychopathologie et de la sociologie de la vie quotidienne. Je parle ici des compromis relationnels secrets et évidents qui se constituent entre un homme et une femme, puisant leurs malentendus dans les forces répressives culturelles. Le pédopsychiatre que je suis a une vaste expérience des histoires de vie dominées par l'idéologie phallique, donc antiféminine. Ainsi, le refus de la féminité chez Mme P. est incité par sa mère, qui n'a jamais fait confiance à sa fille, par un père assez misérable et enfin par un mari impuissant et déprimé. Au décours d'une longue psychothérapie, la féminité cherche sa voix par l'investissement exceptionnel de son fils. Elle qui « a rejeté d'un bloc la sexualité des hommes » trouve l'occasion de la découvrir audacieusement avec les amis de son garçon, non sans éprouver un sentiment de faute incestueuse. Lorsque le fils devient grand, il est qualifié à la fois de lâcheur et de persécuteur (ce qui reflète la difficulté du jeune homme à se séparer de sa mère). La femme et la mère qu'elle est sombrent dans une profonde aliénation. Absent, il est perdu et elle est mélancolique ; s'il est présent, elle n'est que lui. Cette femme a trouvé un porte-parole à sa féminité en un fils qui n'a fait que la tromper.

Belle, intelligente et riche, Mme M. a une vie qu'on peut qualifier de réussie, où sa féminité s'avance dressée : elle assure avec brio un « métier d'homme », dans des lieux d'hommes ; elle est mère de trois fils avec amour et autorité ; ses amours lui apportent un bonheur parfait et une vie sexuelle bien remplie. Après quelques échecs maritaux, elle garde le célibat et s'éprend passionnément d'hommes mariés, avec qui elle construit des relations face auxquelles les épouses ne peuvent rivaliser. Clivages réussis que ne saurait faire comprendre la théorie de Donald W. Winnicott de la séparation du masculin et du féminin : elle est femme dans tous les secteurs de sa vie avec des défenses phalliques raffinées. L'âge venant, les enfants partis, le métier en sa réussite maximale, la vigilance des amants affaiblie, la voilà glissant vers la dépression et les maladies psychosomatiques. Sa féminité tend à s'échapper... Peut-on s'autoriser à dire *a posteriori* que sa vie était fausse, qu'elle vivait en faux-self ? Ne doit-on pas penser qu'une autre féminité doit à 50 ans être retrouvée ? Par une psychothérapie dans cette crise du milieu de la vie, elle engage cette quête identitaire ; elle se heurte à la négligence et à la répression de l'image qu'elle garde de sa mère ; elle s'appuie sur la retrouvaille de masculinité avec son père, maintenant veuf.

Répression

Comment nommer les conséquences de cette activité répressive à l'endroit de la féminité ? Quels concepts
peuvent permettre d'éclairer cette injonction culturelle,
qui méconnaît le for intérieur féminin ? Je crois qu'il
faut situer les effets de cette emprise de façon plus ou
moins profonde. René Kaës décrit deux niveaux dans le
« pacte négatif » qui unit toute communauté phallique :
un premier efface l'énigmatique féminin ; un second
incite à la dénégation, dans laquelle nous avons vu la
seule façon autorisée pour la féminité de s'exprimer[52].

Est-il possible d'être « femme » (sujet de ses désirs,
pensées ou actions) lors de certains harcèlements, vio-
lences, abus physiques et moraux ? Tout se passe comme
si la femme, alors, ne pouvait être que « conforme en
renonçant à être soi », esclave, « normalisée ou bana-
lisée ». Pour qu'un sujet se définisse, il lui faut être
semblable *et* différent. Les paroles et la conduite d'une
telle femme ne peuvent être que semblables, et toute
altérité est effacée ; on se plaît alors (et alors seulement)
à décrire la femme comme le négatif de l'homme. « Sois
comme l'homme (le père, l'époux) veut que tu sois.
Répudie ce que tu voudrais être. » A-t-on mesuré la
désertification ainsi produite, le décapage de la vie ima-

---

52. J'ai situé ainsi la féminité un peu plus haut.

189

ginative, de l'intimité ? *Stupeur et Tremblement* d'Amélie Nothomb en évoque l'étendue : la narratrice se trouve immergée dans une société japonaise ; là il ne faut pas penser, ni avoir une initiative quelconque, être personnelle. Le terme de « passivation » que suggère André Green exprime un tel engagement impossible pour le sujet[53]. La prescription culturelle impose un véritable effacement (sans opposition possible) de la féminité. Elle devient ainsi illicite, voire absente.

Lorsque l'interdit de féminité est d'un niveau moins profond, les représentations féminines peuvent être refoulées par une instance interne à chaque femme, qui les « autocensure » ; le surmoi joue alors le rôle de porte-parole de la « phallicité ». Le symbole du voile en est l'exemple même : la pudeur devient un mode de vie. Le refoulement provoque des symptômes spécifiques de la femme : à l'adolescence, on pense aux anorexies, aux boulimies. Et si l'« hystérique », qualificatif moqueur ou méprisant donné aux femmes, était un compromis entre soumission et rébellion ? La peur de la féminité est la source de bien des maux masculins (impuissance sexuelle, angoisse de castration, mais aussi défi et mépris, autoritarisme tenant plus ou moins aux abus),

---

53. Dans sa corporéité, la sexualité est l'aiguillon le plus puissant d'une excitation à penser, à imaginer, éventuellement à dire. Elle est bien le roc biologique dont il est question dans le fameux texte de Freud concernant l'analysibilité (1938). Le déni de la féminité *a contrario* risque d'évacuer, de vider la pensée (mort psychique), de maintenir le sujet dans une passivation au-delà de l'analysabilité.

nous le savons depuis Freud. Elle est présente, également, chez la femme sous forme de frigidité, d'envie du pénis ; à l'inverse, sous forme d'identifications aux hommes et d'imitations des hommes.

La femme aliénée ?

Nos collègues confirment l'aliénation ordinaire de la femme. Selon les qualificatifs proposés par la communauté psychanalytique, la femme serait « incapable », « sans importance », « objet de surface sans profondeur », « ombre sans figure et sans nom », « reléguée dans quelques soumissions », « hantée par les ravages de sa mère ». Dans le langage, elle serait l'incarnation de la pure signifiance, de la sensorialité de la matière langagière, chose, dans sa plénitude et sa vacuité à la fois. Innommable, muette, elle permettrait de créer et de nommer l'origine, qui, comme la source, est « un pur jaillissement qui ne cesse de s'éloigner de soi-même dans l'abondance de ces eaux » (Heidegger). Plaque opaque où se situerait la femme, « si elle existait », ajoute Lacan[54]. Freud n'affirme-t-il pas dans *Malaise dans la civilisation* que « les femmes ne tardent pas à contrarier le courant civilisateur » ?

---

54. Ces qualificatifs épars donnés ici à titre d'exemple sont empruntés au chapitre sur « L'éternel féminin » et précisément à l'interrogation concernant l'existence de la femme dans le très remarquable livre *La Femme et la mélancolie* d'Anne Juranville (PUF, 1993).

Le constat de l'aliénation féminine, toujours présente en notre Occident, a infiltré la théorie psychanalytique d'une façon quasi généralisée. S'y trouvent trop confondus le fait et la valeur. Tout se passe comme si l'aliénation sociale de la femme était non seulement présente, mais obligée : la femme la subit consciemment et inconsciemment ; en outre, elle « doit » la subir. Sur ce point, le débat s'est ouvert dans les années qui suivent immédiatement la découverte psychanalytique, entre Freud et certaines de ses disciples femmes, en particulier Melanie Klein, Karen Horney, Hélène Deutsch. Loin d'être close aujourd'hui, la discussion rend polémique toute théorie de la féminité. Prenons l'exemple des travaux de Jacqueline Schaeffer[55]. Le constat est là : « S'il est extrêmement difficile, pour une femme, de créer, de se réaliser socialement, dans le régime totalitaire et totalisant qu'est *forcément* la famille, il n'est guère davantage facile d'y vivre une relation de jouissance. » La cause tient au fait que « la domination de l'homme, incontestable dans l'organisation de toutes les sociétés, renvoie, du point de vue psychanalytique, à la *nécessaire* fonction phallique paternelle, symbolique, laquelle instaure la loi, *qui permet au père de séparer l'enfant de sa mère* et de le faire entrer dans le monde social [...]. L'amant de jouis-

---

55. Les deux citations suivantes sont empruntées aux textes de cet auteur intitulés « Les parcours des antagonismes entre féminin et maternel » (Leticia Solis-Ponton éd., *La Parentalité*, PUF, 2002, p. 139-156). Une argumentation plus approfondie se trouve dans son livre, *Le Refus du féminin* (PUF, 1997). C'est moi qui souligne.

sance vient ainsi en position de tiers séparateur pour arracher la femme à sa relation archaïque à sa mère ». Qu'il soit père ou amant, l'homme est non pas objet et partenaire, mais « tiers nécessaire ». « Le père institué comme tiers séparateur et identifiant, celui-là même qui provoqua le refuge de la femme vers la maternalité se trouverait revêtu d'une mission de section sexuelle de la dyade pour le bénéfice de l'enfant [...] et de la mère qui dès lors se trouve arrachée à sa relation archaïque au bénéfice enfin entrevu d'être femme. »

Grâce à quel formidable masochisme érogène ou existentiel, nécessaire en toutes circonstances, peut-on ainsi confondre le pouvoir-savoir masculin (par définition aliénant) et la référence tierce, qui permet au sujet de se définir et de s'identifier ? Ne faudrait-il pas clairement distinguer la morale quotidienne, morale interne surmoïque et collective, et la valeur référentielle, l'éthique par laquelle se crée le sujet ? Cet « horrible mélange[56] » entre pouvoir (aliénation) et autorité (qui partage son étymologie avec « auteur »... d'une création, justement) perpétue le refus et la peur de la féminité, la nécessité pour la femme d'« ex-ister », d'être hors d'elle. « Dissoudre la hiérarchie des sexes », comme le dit Françoise Héritier[57] : tel devrait être la tâche psychanalytique sur le devenir de la femme, sans en rester aux prescriptions

---

56. Voir les vers célèbres de Racine où Athalie relate son cauchemar.
57. Françoise Héritier, *op. cit.*

diverses (« la fille, la jeune fille doivent... »), aux tactiques du pouvoir sur le corps et sur l'esprit qui ne rencontrent guère les stratégies de la subjectivation[58].

Stratégies de résistance

Quelles peuvent être les conséquences de ce déni de féminité ? Comment la femme gère-t-elle son aliénation à l'idéologie phallique ?

Vient tout d'abord la subordination au monisme phallique. Il s'agit des dérivés de l'envie du pénis par un jeu d'identifications masculines selon les canons offerts par la société (modèles aujourd'hui privilégiés de la lutte des sexes), ou bien d'une passivation acceptée, d'une soumission aux envies et aux désirs des hommes (la médiatique femme-objet). Ces deux voies peuvent converger : la soumission peut être une méthode pour engloutir celui qui se croit le chef, comme la tactique de la terre brûlée qui a vaincu Napoléon en Russie !

Dans les deux cas, la femme est dupée. Sa glorieuse ressource afin d'éviter la déception ou la désillusion serait de le savoir : elle serait dupée en connaissance de cause. C'est là un thème très intéressant défendu par Julia Kristeva[59]. Elle n'adhérerait jamais totalement à

---

58. Stanislas Prokhoris, *Le Sexe prescrit*, Aubier, 2002.
59. Julia Kristeva, *Sens et non-sens de la révolte*, Fayard, 1996.

l'illusion phallique, sans trop s'en formaliser, et les relations humaines seraient des stratégies plus ou moins fines d'emprise (ceux qui semblent gagner pouvant être en train de perdre). Citons un exemple cher aux sociologues : celui des stratégies de l'image, de l'apparence, la mascarade nécessitant de nombreux travaux d'apprêt (vêtements, parures, maquillage, mais également performances psychiques). Le XXe siècle aurait été selon Georges Hermer[60] celui des couturiers, poussant les humains à endosser « l'uniforme de la dernière nouveauté ». La relève de la société rigoriste serait la société mode : stars, mannequins, femmes affichées et autres figures de la « femme-objet ». Dans ce contexte, la mode « unisexe » aurait valeur de trêve dans la lutte des sexes chez les adolescents. À l'adolescence, le féminin pubertaire s'affirmerait, voire s'exhiberait (nombril visible, poitrine mise en avant, démarche lascive, tenues moulées) plus pour être reconnu, grâce aux regards et paroles des autres, que par provocation sexuelle[61].

Butant sur un impossible compromis éroticophallique, la clinique est ici celle de la dépression : effondrement, refus de vivre, mélancolie. La vie psychique gravement vidée et « morose » peut se rabattre sur des

---

60. Georges Hermer, *Victimes de la mode* ?, La Découverte, 2004.
61. Peut-on éviter aujourd'hui de parler du voile islamique des jeunes filles, affaire qui relève clairement du monisme phallique ? Assurément, au plan individuel, hors de toute anthropologie politique, il est symptôme des contradictions de l'inconscient entre la soumission au narcissisme phallique et la pudeur de la féminité.

maladies psychosomatiques, sur l'addiction à des objets et produits divers, sur la fascination de la consommation.

Certains choix ont, comme nous l'avons dit, une valeur défensive à l'endroit du monisme phallique, sous forme que je qualifierais de fétichique, car elle permet l'expression masquée de la féminité. La vie mystique, la production artistique, la maternalité jouent alors le rôle de refuges où la création est possible. Les sculptures de Camille Claudel révèlent ainsi une féminité extraordinairement fine, même lorsqu'elles reflètent intensément le masochisme de la jeune femme. Rejetée par sa famille, par son amant et maître Rodin, et même par son frère chéri Paul, la voilà qui ne peut plus engendrer de formes ; elle s'effondre. Sa crise de folie a été d'abord celle de son identité féminine désarçonnée ; l'hôpital psychiatrique maintiendra l'aliénation. « La figure assise là à attendre sans rien dire et depuis si longtemps [...] sans révolte, docile [...] sur cette chaise devant le pavillon, immobile et les mains croisées dans le pli des jupes, ces robes grises ou brunes[62] » : la féminité géniale est alors évidée.

La stratégie maternelle faisant de l'enfant un « porte-parole » privé apparaît pour beaucoup de femmes comme la seule conduite de salut. Politiquement incorrecte, la demande de la mère se révèle depuis le XXᵉ siècle en Occident bien intéressante : le matrimoine

---

62. Michèle Desbordes, *La Robe bleue*, Verdier, 2004.

s'y affirme. Disons-le encore, il serait réducteur de considérer avec une certaine rigidité que la maternalité est une forme d'accès à une « phallicité » revendiquée, une autorité qui prendrait sa place dans une « niche » oubliée par les hommes – la famille. Deux organisations sociales se couperaient l'une de l'autre ; les grandes unités sociales d'une part et d'autre part la famille, « censée constituer le domaine réservé aux femmes » : « après avoir assigné la femme à résidence domestique, la communauté phallique lui attribue le désir d'y enfermer son partenaire » et ses enfants[63]. Cette interprétation du privé et du social aurait tendance à être récupérée par le familialisme actuel.

Dans cette optique, toute mère serait phallique ; le bébé aurait une équivalence au pénis (Freud), c'est-à-dire une valeur fétichique pour sa mère. Je pense montrer au contraire, au long de ces lignes, que le raisonnement, sans être incorrect, est résolument réducteur et superficiel. Il nuit en tout cas à l'écoute du travail de la féminité opprimée qui a élu refuge, tel le maquisard, dans la maternalité.

---

63. Ce raisonnement de Monique Schneider (*op. cit.*) est bien intéressant, en réaction avec la phrase de Freud dans *Malaise dans la civilisation* (1905) (PUF, 1979), selon laquelle « la famille ne veut pas lâcher l'individu ».

Relégation maternelle

Face à cette relégation maternelle[64], quelles sont les stratégies de résistance et de révolte ? Comment la féminité réprimée trouve-t-elle à s'exprimer ? Quelles voies empruntent les expressions que la communauté mâle refuse ?

Toute femme contrainte par la phallocratie ambiante risque un essai vers la maternalité. Il ne s'agit pas d'y panser quelque blessure narcissique grâce à l'enfant ; il s'agit d'y trouver ou d'y retrouver une voie constructive. L'enfant ne guérit pas la mère, il lui donne l'occasion d'un partenariat singulier, qui lui permet de penser la vie autrement. On aurait tort de ne voir dans la maternalité qu'une forme d'activisme phallique.

Dans son livre sur la famille, Élisabeth Roudinesco trace les grandes lignes de ce qu'elle nomme l'irruption du féminin à la fin du XIXe siècle[65] : la domination sans contestation du principe masculin sur le principe féminin, présente de tout temps dans la quasi-totalité des sociétés humaines, admet des dérogations. Des contradictions s'ébauchent entre deux figures de la domination économique et psychique : le « paternalocentrisme » d'un côté, le « maternalocentrisme » de l'autre. « Tantôt

---

64. « Relégation : exil n'entraînant pas la perte des droits civils et politiques » (Larousse). J'ajouterai subjectaux.
65. Élisabeth Roudinesco, *op. cit.*

le règne du matriarcat est présenté comme source de chaos, d'anarchie, de désordre et s'oppose à celui du patriarcat synonyme de raison et de culture, tantôt il est décrit comme un paradis originel et naturel que le patriarcat aurait détruit pour instaurer son despotisme autoritaire[66]. » Favorisant les avancées régulières de l'émancipation féminine, le XXe siècle n'aura eu de cesse de valoriser les attaques contre le *pater familias,* héritier de la puissance divine. Auguste Comte ne disait-il pas déjà : « Les fils sont à tous égards et même physiquement beaucoup plus les fils de la mère que ceux du père[67] » ?

La maternalité refuge

La féminité sous emprise impose à la femme de se clôturer dans une maternalité qui devient le seul refuge « a-phallique », où il paraît possible de s'extirper de la communauté du déni, d'échapper à l'oppression machiste. Imaginer, puis faire un enfant serait une façon privilégiée de réagir à la répression afin de conserver son identité. Le désir d'enfants ne serait donc pas séparé de la féminité, comme Simone de Beauvoir l'écrivait : « La maternalité n'est pas une contrainte sous insatisfaction,

---

66. *Ibid.,* p. 50.
67. *Ibid.,* p. 43.

[c']est une forme ordinaire de la subjectivation féminine[68]. » Elle devient néanmoins une contrainte plus
« extraordinaire » lorsque le désir d'enfants devient le
refuge exclusif de ladite subjectivation (attaquée par les
forces culturelles). L'impitoyable théorie phallique est
obligée de laisser un espace protégé à celle qui, par
nature, porte neuf mois l'enfant dans son corps. La
culture, une fois n'est pas coutume, renforce ici la
nature. Michelet avait pourtant montré que les sorcières
étaient persécutées parce que les paradigmes de la féminité et de la maternalité se confondaient chez elles. Plus
la féminité est refusée, plus la maternalité en revêt le
seul masque possible. Cette pression n'est pas sans
entraîner des troubles psychosomatiques dans le champ
de la gynécologie, de la fertilité et de la pédiatrie.

Du point de vue mâle, cette échappée vis-à-vis du pouvoir phallique est considérée comme une transgression :
voilà l'enfant substitué au pénis, le fils au père, Œdipe à
Laïos. Dans la mesure (et dans cette mesure seulement)
où la communauté de méconnaissance considère que
l'homme est le représentant de l'affiliation, de la culture,
la stratégie de ces mères s'engage résolument dans la
transgression – elle fait échapper l'enfant, et sa mère, à la
loi du père et au logos séparateur. La maternalité serait-
elle un creuset pervers ? Cette idée retrouve un point de
vue populaire bien connu : se reproduire est une menace

---

68. Simone de Beauvoir, *op. cit.*

contre la culture ; la transformation d'une femme en mère potentielle ou avérée est une métamorphose redoutée. La transgression est donc diagnostiquée par la communauté des hommes-pères – non seulement en tant que partenaires de vie, mais tels que la femme se les représente dans son inconscient, censeurs anonymes du surmoi ou figures renvoyant aux parents de la malheureuse reléguée.

Le contrôle masculin sur la femme veut se mettre en place. La théorie phallique, juge et partie qu'elle est, s'autorise de son savoir-pouvoir pour faire la morale. (Il est toujours regrettable de déduire un jugement de valeur d'une connaissance scientifique[69].) Heureusement le Père (remarquez le grand P) veille.

La femme-mère réputée perverse dans son lien avec son bébé est récupérée sous l'expression de « mère phallique ». L'homme cherche ainsi à échapper à une imago archaïque sur le modèle de la Gorgone ou du Minotaure. Voilà alors la mère devenue culturellement semblable à l'homme. En devenant phallique, elle perd la différenciation qu'elle recherche, tout en restant soumise à l'ironie. Ne cédons pas à la tentation de confondre le phallus, symbole du pouvoir-savoir culturel masculin, avec les références sur lesquelles s'étaye le sujet toujours en construction-reconstruction. La philosophie du phallus « fascine » tant qu'elle confère à ce symbole de l'emprise

---

69. Telle est la conclusion de Jacques Monod, *Le Hasard et la Nécessité*, Seuil, 1973.

une valeur tierce de pseudo-subjectivation : être phallique ferait référence au devenir de l'enfant (après avoir
été l'objet d'appartenance de ses parents). Dès lors, ces
phallus réduits aux acquêts que sont les enfants pourraient être retirés à leur mère, ils pourraient à tout
moment être mis à distance du fait d'une loi du père
judicieusement formulée.

La relégation maternelle n'est pas de tout repos pour
la femme – dans le territoire où elle s'est réfugiée, elle est
encore jugée par une morale culturellement masculine et
menacée par un pouvoir masculin, à moins qu'elle ne
trouve les moyens de défendre le domaine qu'elle a
chèrement gagné. Mais, alors, ne risque-t-elle pas de res-
sembler à ces mères que leurs fils et filles eux-mêmes
nomment « juives » ? Entre perversion et phallicité, qu'il
est délicat pour la femme de définir un espace féminin !
Le couple mère/enfant n'aurait pas tort d'être « sous
alarme » et de s'annoncer comme tel. Le problème est de
savoir qui a branché l'alarme et qui pourrait l'éteindre.

Dans le lien familial de la relégation, le monisme
phallique est toujours là, tel le prêtre au couvent ! « Ce
fut un grand progrès de la civilisation, écrivait Freud,
lorsque l'humanité se décida à adopter, à côté du témoignage des sens, celui de la conclusion logique, et à passer du matriarcat au patriarcat[70]. » La famille reste pour
lui l'une des grandes collectivités humaines de la civilisa-

---

70. Sigmund Freud, *Malaise dans la civilisation*, *op. cit.*, p. 181.

tion, affirmant elle aussi « la primauté de la raison sur l'affect et la loi du père sur la nature[71] ». La relégation des femmes ne rendrait-elle pas un service nécessaire à la communauté phallique ? La condition féminine aurait-elle une valeur fétichique pour l'homme ?

La séparation du féminin et du maternel est en effet utile pour rassurer la masculinité – elle permet d'éviter la grande peur masculine du sexe de la femme. Les progrès scientifiques, en dissociant désir sexuel et reproduction, sont à ce titre particulièrement précieux. Maintenons, dira le père, le primat de l'alliance matrimoniale (culturelle) sur les accouplements naturels ! Répudions la femme stérile qui ne donne pas l'héritier ! Le fils que crée le biologique et le fils, fruit de la filiation, ne sont pas les mêmes. Ils peuvent même s'opposer au plan de l'inconscient[72]. « Ce n'est pas la généalogie génétique ou biologique, mais la généalogie de la parole qui fait que l'on nomme quelqu'un son fils[73]. » On se souviendra de cette modalité généalogique lorsque nous décrirons le statut privilégié du porte-parole de la féminité maternelle qu'est le fils désigné par la mère.

---

71. Élisabeth Roudinesco, *op. cit.*, p. 56.
72. Tout se passe dans les conduites humaines comme si « la double ambition (la procréation et l'affiliation) mégalomaniaque dans chacun de ses termes et dont pourtant seule la réalisation comblerait l'homme) l'exposait par la rencontre de l'inceste et du crime à l'horreur de la castration ». Pierre Bourdier, « La paternité. Essai sur la procréation et l'affiliation », *Œdipe et psychanalyse d'aujourd'hui*, Privat, 1978, p. 80-110.
73. Jean Pohier, « La paternité de Dieu », *L'Inconscient*, 5, 1968, p. 3-58.

Le matrimoine

Mais revenons tout d'abord à l'intimité primordiale de la mère et de son enfant.

La femme engage un partenariat érotique clos avec son enfant ; le petit ange avec ses flèches est supposé apporter ce que demande la féminité maternelle. La thèse de la perpétuation tout au long de la vie de cette unité narcissique est classique. Plus forts que l'amour règnent la passion, le besoin ou la captation narcissique de l'autre. Qui, de la mère ou du bébé, est omnipotent ? « Qu'est-ce qu'il veut ce bébé chéri ? Le bonheur de sa maman ? [...] Quand il grandit, il fera autrement le bonheur de sa maman [...] à perpétuité. [...] Tu resteras toujours avec moi, tout collé à moi, mon bébé chéri », dit la mère de Portnoy. La violence des mères à l'égard de leurs enfants développe la violence narcissique et pulsionnelle. Voilà sans doute le secret de la conception freudienne très masculine de la femme comme « plus corporelle » que l'homme, comme moins intellectuelle, moins « raisonnable ». Penser cela pour un homme, c'est aussi se rassurer à propos du fameux amour primaire dont il a été l'objet. Les particularités liées à la féminité refusée ne sont pas en elles-mêmes originales et apparaissent comme une majoration plus ou moins grande des processus ordinaires : investissement du bébé, souffrance lorsque l'enfant se développe, tendance à nier la source paternelle de filiation.

Dans quelle mesure le refus de la féminité entraîne-t-il un appauvrissement dépressif de la position fantasmatique de la mère essentiellement « soignante » à l'endroit de son enfant[74] ? À titre d'exemple tardif, il nous a été raconté l'inquiétude de cette mère juive s'assurant auprès de son gendre que sa fille était bien toujours frigide... comme elle, sans doute. L'intervention du père, qui sépare la dyade initiale, met en rivalité la relation de la mère à son enfant. Comment s'en protéger ? À court ou long terme, comment la mère pourra-t-elle gérer l'investissement de son enfant à mesure que celui-ci grandit ? Quel doit être son cheminement ? Doit-elle se renouveler ou se déprimer ?

Le lien serré entre mère et enfant fait aussi l'objet d'un dégagement du corps à corps, d'un renoncement à la relation sensorielle ; le bénéfice en est la création d'une capacité de plus en plus autonome de représentations et de pensées, d'une possibilité de sublimation. Ainsi, dans ces moments d'éloignements réciproques, la mère et l'enfant peuvent imaginer leur relation de telle sorte que ne se perpétue pas une anxiété de séparation. Les expériences de proximité originaires qui peuvent se renouveler toute la vie créent ce que Donald W. Winnicott a

---

74. Dans les conditions qui ont amené André Green a décrire *la mère morte* (*La Mère morte. Narcissisme de vie, narcissisme de mort*, Éditions de Minuit, 1983).

appelé un *espace d'illusion,* dans lequel il voit « l'origine même de la culture ». La complicité se perpétue, même à distance, dans la transparence psychique aux transactions intimes.

Cependant, l'enfant n'est pas seulement là pour satisfaire le narcissique et le pulsionnel maternel, ou pour obéir de façon masochiste aux instances surmoïques et idéales de sa mère ; il doit construire de façon imaginaire les scénarios de leur relation. De partenaire, il devient l'acteur qui témoigne d'elle, son porte-parole. Ce qu'il fait, voire ce qu'il pense, reflète la féminité maternelle. « Gloire à cet enfant qui exhibe si bien ce que je suis : une femme ! » Et lui : « Je suis cet enfant roi, fierté de ma mère. » Que d'agressivité une telle position glorieuse masque-t-elle, favorisant le refoulement de celle de l'enfant ! La relation paraît « décollée », sans tendresse ostentatoire, sans agressivité directe non plus : chacun semble savoir ce que pense l'autre. Et chacun se refuse à concevoir qu'il pourrait en aller autrement. La femme est ainsi engagée dans une expérience exceptionnelle qui fait basculer sa vie hors de l'érotique traditionnelle, au profit d'une mission doctrinale susceptible de bouleverser la culture ambiante. À travers ses soins sensoriels et sensuels, sa tendresse et les images qu'elle propose, elle transmet à son enfant le message (parfois ignoré d'elle-même) de sa féminité.

Voilà la source du « matrimoine ». La doctrine sociale, affaire d'hommes, risque de se trouver interrogée par un enfant, un bébé, un messie même, libérateur désigné, attendu dans l'impatience et l'espoir. Cet enfant n'aura pas les idées de sa mère, mais il se dira plus ou moins clairement qu'elle est femme, et ce le plus long-temps possible, peut-être toujours. Il pourra et devra porter à la connaissance des autres le retrait doctrinal (a-phallique) dans lequel la femme a été et demeure maintenue. La mère, sans parole et à qui on accorde à peine le droit à l'idée, devient alors source de discours.

Mission/intrusion

Une telle mère est souvent dite « intrusive ». Ce terme présenté comme péjoratif ne vient-il pas de la communauté des enfants chargés d'une mission mater-nelle qui, devenus adolescents puis adultes, la ressentent agressivement ? Ce mode de fonctionnement convient bien à ce que, depuis Melanie Klein, on appelle une « identification projective ». Le processus est relative-ment complexe, il peut se situer à des niveaux fort diffé-rents de l'évolution de la relation mère/bébé. De la sorte, un modèle très étroit est l'ordinaire, au très jeune âge de l'enfant ; s'il persiste, il reflète une fixation et une pas-sivation. Je ne crois pas que la mission matrimoniale soit archaïque. Elle est complexe : nous avons senti l'importance et la contradiction existant dans l'injonc-tion : « Sois grand et porte ma parole. » Elle pourrait se condenser dans le mot si fréquemment entendu : « Sois mon grand. » Il faut que l'enfant devienne libre pour être un bon porte-parole ; il ne doit pas rester immature car, en ce cas, ses propos perdraient de leur valeur de transmission. Il ne doit pas s'identifier à la mère, mais au message, pour en être le meilleur porteur. Bref, si identification projective il y a, elle est fort élaborée, élective même.

Du fait du dégagement sublimatoire, il est possible à la mère (comme à l'enfant) d'interpréter ou plutôt de traduire les expériences d'amour fondamental (Balint)... et de ce fait de les *transmettre*. L'« intrusion » est donc particulière, puisqu'elle confie à l'enfant la mission d'être en quelque sorte le starter sans lequel l'usage du souvenir serait impossible et la transmission bloquée. « Grâce à toi, je me souviens de ce que nous avons vécu ensemble », dira ou pensera la mère ; elle y gagne un grand bénéfice subjectal, c'est l'évidence ; l'enfant, de son côté, voit rappelée l'expérience amoureuse dont il a été l'objet. (A-t-elle été « secure » ? On peut se le demander.) « Intrusion dévouée », disait ce cher Portnoy. « Ta présence physique m'est indispensable pour un souvenir qui me fait vivre comme femme », disait sa mère. Sans la présence physique de l'enfant, à tout âge, la féminité existentielle dont il est porte-parole risque de se perdre. Ce qu'il devient est donc fondamental pour elle ; la vie psychique de la mère, c'est-à-dire sa capacité d'imaginer, en dépend. Le « Je ne pense qu'à toi » qu'elle adresse à son enfant signifie : « Sans ta présence physique, je ne peux penser à rien, pas même à moi... ma tête est vide... je suis comme traumatisée. »

Tout être humain a besoin d'une base sensorielle et sensuelle, d'un tiers corporel pour fantasmer ou pour rêver la nuit. Tout se passe comme si une telle mère avait condensé sur son enfant toutes les sources somatiques de sa pensée. Et elle ne peut se dégager des positions duelles premières que si l'enfant se charge de cette mission. « Je te donne ton autonomie car je serai là dans ta parole, qui sera la preuve de ma féminité », « Sois fort, sois libre, fais-moi connaître », « Que les hommes sachent quelle femme indûment reléguée est une mère juive ! » Il y a forcément chez cette femme une idée de vengeance concernant l'homme qui l'a reléguée (pas nécessairement son mari ou son père en tant que tel). Cette formidable volonté de transmission est plus forte que le lien érotique même. L'enfant de transmission prime sur le biologique, comme le tabou sur l'inceste. « L'avenir appartient au bâtard », écrivait en réaction André Gide. Ce détournement énigmatique ne saurait plaire aux scientifiques. L'anxiété psychosomatique de la mère dite juive serait assise sur cette dialectique à risque qu'elle a inscrite dans sa filiation : la transmission scindée du biologique. Transmettre est ici le seul espoir : que la santé et la voix du messager soient bonnes ; qu'il ait par amour le désir de l'assumer ! Voilà qui fait mieux comprendre la fameuse phrase œdipienne du petit Portnoy à sa mère : « Quand je serai grand je t'épouserai », « Tu es toute la femme. » Nous verrons plus loin le chemin qu'un tel chargé de mission doit emprunter.

Il n'y a pas de mères phalliques

Voilà, je crois, la redoutable erreur que commettent les représentants du monisme phallique lorsqu'ils qualifient cette mère de « phallique ». Du Charybde de l'emprise paternelle, l'enfant serait tombé dans le Scylla de l'emprise maternelle ! Cette mère dénierait à son enfant ce qui lui a été dénié par la philosophie phallique, elle le priverait à son tour du droit d'être sujet à part entière. L'irrespect de l'autre dont elle souffre, elle le transmettrait.

De quoi accuse-t-on la « mère juive » ? D'accepter le principe de l'altérité, mais d'effacer la différence, l'inconnu, l'énigmatique, de l'autre, son fils. De méconnaître l'altérité de son enfant, alors même qu'elle est convaincue du contraire et qu'elle lui confie un message de la liberté. Cette « mère juive », si elle n'était que phallique, ferait comme tout le monde : elle corromprait le contenu de liberté de son message en maintenant son emprise, en voulant tenir de façon suffisamment sûre le messager. Dans l'Antiquité, il arrivait qu'on tue aussi le porteur d'une nouvelle difficile à entendre ; mais, à force de faire vivre le messager d'une telle nouvelle, on risque aussi de ne plus l'écouter. À stigmatiser la « mère juive », on risque de perdre son message convaincu d'altérité.

Cette mère est accusée d'hystérie par la communauté (mâle, bien entendu) des spécialistes. Accusation justifiée, quand on constate son art pour convertir l'énergie de ses représentations féminines en relation corporelle privilégiée avec son enfant. Malgré le refus de sa génitalité par les pouvoirs phalliques, elle trouve un détournement pulsionnel qui la satisfait. L'enfant partenaire est installé dans la contradiction de son symptôme : « Tu es tout pour moi ; n'exagère pas. » Le refoulé du fils devient en grande partie la féminité refoulée de la mère, et il se retrouverait chez tous les fils d'une même société. Les plaisanteries sur les « mères juives » marqueraient alors la levée partagée du refoulé entre les fils, et peut-être entre eux et leur mère. Lorsque le fils devient père, renvoie-t-il le refoulé d'où il vient ? Dans le groupe des mères, la grand-mère paternelle irait en chercher encore les traces, telle une sorcière, chez ses petits-enfants.

Cette accusation d'hystérie est mal ciblée, car on sait que l'enjeu n'est pas la névrose, mais la possibilité pour la femme d'être. La féminité est moins refoulée (hors des avatars du discours, lapsus, mots d'esprit), qu'indicible et niée. Le porte-parole filial va donc avoir affaire avec le moi idéal maternel à un niveau identitaire primordial.

De plus, cette accusation comporte, de la part du monisme phallique, une dérision défensive à l'endroit de cette extraordinaire héroïne. La « mère juive » ne se dresse pas, poitrine nue, sur les barricades de la révolution ; sa pratique est une présence constante, secrète et affirmée, souterraine et irruptive, selon le modèle des services secrets. Elle interroge, elle inquiète. Féministe ? Surtout pas ! Maternaliste avant tout. La mère serait la courroie de transmission de la question du sujet, et le message du matrimoine pourrait bien être celui de l'altérité humaine.

Le maternel comme symptôme

À partir de cette maternalité, un changement structural important se produit chez la femme. Une partie fondamentale de son fonctionnement psychique, celle précisément qui la qualifie comme sujet au féminin, ne vit plus dans son espace psychique personnel. Elle ne dit pas : « Je suis une femme », mais : « J'existe », « Je suis, à cause de mon enfant. » Ce qu'elle a transmis la constitue. On comprend qu'une telle mère puisse affirmer que son enfant passe avant tout le monde. Il ne s'agit pas de rivalité ; il s'agit tout simplement d'exister. Elle a perdu sa capacité d'être seule et a désormais besoin de l'appareil psychique de son enfant. Voilà le symptôme qui maintient cette femme à flot dans le réseau relationnel quotidien, qui fait sa profondeur et lui permet de réagir aux aléas. Symptôme profond, assurément, puisque nous savons qu'il lutte contre la relégation de sa féminité imposée par la culture.

Ce symptôme maternel, il faut le considérer comme un effet des particularités de groupe. Chacun de ses membres tisse une enveloppe déjà préformée qu'il ne peut percevoir que de l'intérieur. Le résumé mère phallique/père falot est trop elliptique, nous l'avons vu. La famille en tant que telle crée ses participants. Le père est à la fois présent en son milieu familial et effacé ; il peut aussi mener hors de la maison une vie affirmée. Dans le roman de Philipp Roth, le père de Portnoy, qui travaille pour une compagnie d'assurances, est évoqué « au plus haut de sa constipation », sauf le fameux jour où il ose inviter une collègue *goy* à la maison pour « un vrai repas juif ».

Une mère ordinaire résumait ainsi ses affects à son fils : « J'ai eu un père merveilleux ; mon mari est un garçon assez incapable, tu lui ressembles. » Le fils décida alors de ne jamais avoir d'enfants. Deux cas de figures. Le père aurait lui-même pu être un fils désigné par la grand-mère paternelle, et la mission dont il était chargé aurait pu être renforcée par celle de son fils chéri. Mais il aurait pu aussi ne pas être un fils désigné ou bien ne pas accepter la mission. Tout le groupe familial est impliqué, avec ses ancêtres (au moins les grands-parents) et sa culture. Mais le groupe ne se limite pas à la vie de famille, il est aussi dans l'inconscient de chacun de ses membres et enferme chacun dans ses pensées. La famille vivrait avec une meneuse porteuse de son idéologie, de son « idologie », dirait René Kaës. L'enfant désigné par la mère serait en fait délégué par le groupe, en un pacte de solidarité. Dans le cas que j'évoque, tout porte à croire que la mise en scène maternelle s'inspire de la génération supérieure : la mère de la mère, la grand-mère maternelle, surtout celle qui n'eut pas de fils ; également son père, grand homme que le mauvais sort a peut-être laissé sans postérité mâle et qui derechef a nourri quelques espoirs dangereux dans la capacité de transmission de sa fille. Que cherche cet accoucheur qui veut montrer à sa jeune fille de 13 ou 14 ans comment il travaille et qui l'emmène voir un accouchement ?

Le porte-parole

Le fils de la mère dite juive me rappelle la petite sirène d'Andersen, et son choix existentiel : trouver des jambes pour mener une vie érotique ou bien garder sa langue. À la fin, la petite sirène s'élève au ciel pour connaître un bonheur de sublimation et d'idéalisation de cette sublimation. Je ne suis pas sûr que tous les fils aient cette chance-là... La seule voie de guérison est-elle de devenir père et précisément d'une fille ? Si l'enfant saisi par la mère (avec un père beaucoup trop absent dans le réseau de l'hystérie dont la mère est la scénariste) est une reduplication du père de la mère dont elle pense par intuition avoir été aimée, sautant ainsi une génération, et si par ailleurs ce fils devient père d'un fils, peut-il espérer la reprise de sa mission ? Cela m'étonnerait. Il se range alors plutôt dans la communauté des hommes, il devient un homme comme les autres, niant la féminité.

Dans tout cela, l'enfant se trouve installé dans une « groupalité » qu'il n'a pas créée. Il est pris dans un réseau dont la mère est la scénariste. Le roman familial que chaque enfant construit dans sa tête, avec lequel il s'organise par rapport aux réalités et aux images parentales, à partir duquel il trouve les thèmes de ses fantasmes personnels, il n'en est pas l'auteur, seulement l'acteur. On pourrait même se demander si cet enfant est lui-même. N'est-il pas jeté dans un rôle qui n'est pas celui de sa vie, mais dont la thématique et les scènes sont inventées par une autre ? Doit-il toute sa vie courir le risque d'être ressaisi par sa mère parce qu'il ne joue pas le rôle qui lui a été attribué et d'être en même temps accusé de ne pas parvenir à être lui-même, de se falsifier ? Don Juan n'avait-il pas une mère de ce type ? Subtil connaisseur de la féminité, bénéficiant des meilleures intuitions concernant les « *mille e tre* » femmes séduites, a-t-il pris pour lui de telles qualités au lieu simplement de les transmettre ? N'est-il pas saisi par un terrible retour de la mère, à travers la figure masquée du Commandeur qui l'emmène aux enfers ?

Le témoin désigné

La mère doit prendre un soin particulier de son témoin désigné[75]. Freud écrivit à Ferenczi le 16 septembre 1930, au décours de la mort de sa mère, qu'il considérait « ne pas avoir le droit de mourir tant que sa mère était en vie ». Un fils élu dont la mère est morte est amatride (Albert Camus), néant, vide ; il serait par rapport à lui-même comme si un autre parlait de lui. Sa vision du monde pourrait devenir identique à celle que les autres peuvent avoir de ses propres conduites.

La mère trouve la justification d'un souci, voire d'une emprise, dans le champ psychosomatique de son fils. Le soin intense qu'elle prend de la santé physique et morale de son fils s'exprime dans cette fameuse injonction : « Mets ton chandail, j'ai froid ! » On y retrouve l'identification projective. Dans le domaine biologique, pour le manger, le boire, le dormir, le faire l'amour, cette mère « convient ». Mais une mère omnisciente, omnipotente, qui « fait tout ce qui est bon pour son enfant », a-t-elle autre chose à offrir ? Un jeune homme reçoit ses parents ; la mère fait semblant d'ignorer qu'elle a un cancer étendu dans l'abdomen, elle entre dans le petit appartement new-yorkais et, sans enlever son manteau, dépose

---

75. Nous avons vu plus haut que cet enfant pouvait être considéré également comme le témoin *délégué* par l'ensemble du groupe familial.

devant son fils des boîtes en plastique contenant divers produits salés congelés – et les recettes pour leur usage[76]. Premier mot : « As-tu de la place dans ton congélateur ? » Elle ouvre celui-ci et s'étonne qu'il soit vide : « Comment te nourris-tu ? » Dans « La circoncision » de Bernard Schlink, un jeune homme amoureux d'une jeune fille juive hantée par la Shoah décide de se faire circoncire[77]. L'intervention chirurgicale déconseillée par tous est difficile, douloureuse. Malgré une nuit active, la jeune aimée ne remarque pas le changement du pénis, et le roman se termine, dirais-je, en queue de poisson : la circoncision n'est pas destinée à la femme, mais à la mère. Enlever cette petite cupule « féminine », n'est-ce pas affirmer sans gêne, en toute masculinité, à chaque érection, le fameux message de féminité maternelle ?

Cette mère doit veiller à ce que le message bien reçu par l'enfant demeure intact, toujours présent. « Où j'ai été conçu et porté, il n'y a plus rien, le vide ! Pauvre mère, comment puis-je la planter là, avec cette précipitation ? [...] Est-ce qu'un jour tu quitteras maman ? Jamais, jamais, jamais », dit encore notre Portnoy. Lorsqu'il était enfant, elle s'habillait volontiers devant son petit garçon. « Plus de vingt-cinq ans ont passé, mais maman attache encore ses bas devant son petit garçon. » Aujourd'hui toutefois, il prend sur lui de

---

76. Philip Roth, *Professeur de désir*, Gallimard, 1979, p. 131.
77. Bernard Schlink, « La circoncision », *Amours en fuite*, Gallimard, 2000.

regarder de l'autre côté. « Je détourne les yeux non pas pour moi, mais par égard pour ce pauvre homme, mon père ! » Mais « pourquoi est-ce que tu regardes ailleurs ? demande ma mère amusée tout en redressant les coutures de ses bas, on croirait que je suis une fille de 20 ans, on dirait que je n'ai pas torché ton derrière et embrassé ton petit robinet pendant tant d'années... Regarde-le donc... il se conduit comme si sa mère était une reine de beauté de 60 ans ». Assurément incestueuse, la scène a une caractéristique intéressante de dérision de l'œdipe.

Le missionnaire ne doit pas oublier sa mission ; sa maturation virile doit lui permettre paradoxalement d'affirmer le message sans contamination. Ainsi, une mère bien juive se vante d'avoir écarté de la vie de son fils une copine avec qui il vivait, mais « qui ne lui allait pas bien », et d'avoir « choisi » son épouse. On se rappelle la malheureuse histoire de Heshi, adolescent fort laid, cousin de Portnoy et de son amoureuse *goy*, Alice, avec laquelle il osait vouloir se marier. Elle se termina sans drame : l'adolescent fut frappé au sol par son père, et sa mère dut se préoccuper de sa santé ; le père raconta à la blonde maigrichonne que son amoureux « était atteint d'une incurable maladie du sang, maladie dont le pauvre garçon lui-même ignorait tout ». Elle partit.

Quant à contrôler ceux qui recevront le message, la mère ne le peut guère, ce qui entraîne une certaine aigreur. Elle n'hésite toutefois pas à se faire aider par un groupe de femmes fonctionnant comme elle, mais elle n'en a pas toujours sous la main. La mission de l'enfant se trouve aussi singulièrement compliquée par les résistances du père, menacé par le message matrimonial. De l'espace psychique mère/enfant, lieu d'épanouissement de la féminité, le père doit donc être tenu à l'écart. C'est dans un contexte d'isolement que le fils recevra sa mission.

Ce qu'on appelle aujourd'hui les « nouveaux pères » pourrait être des pères très engagés comme porte-parole de la féminité rayonnante de leur propre mère. Mais la soumission éventuelle du fils au père sera fort mal vue de la mère. Quoique pris à témoin constamment et sans espoir par la mère, le père n'a donc pas la parole concernant la parentalité ; il se tient bouche cousue, cet homme éventuellement bavard en toute autre circonstance, avec les hommes et les femmes. La parole du père manque alors, et il y aurait beaucoup à dire sur les effets de ce manquement, concernant les capacités de séparation et de symbolisation du lien du premier âge.

Messager ou messagère ?

« Découvre donc, épouse et mère / Ce sein que nous nous disputons. / La nature y mit deux boutons, / L'un est au fils, l'autre est au Père[78]. » Tout porte à croire qu'il

---

78. M. Manuel, « Les étrennes » (1787), cité par Hélène Parat-Torrieri, « Épouse et mère », *Nouvelle Revue de psychanalyse*, 1992, 45, p. 23.

est préférable que l'enfant désigné soit un fils. « Seul le rapport au fils apporte à la mère une satisfaction illimitée, c'est d'ailleurs la plus parfaite, la plus facilement libre d'ambivalence de toutes les relations humaines[79]. » Il n'est pas sûr que cette idylle de la mère, lourde de sa généalogie (du côté mère et père), soit aussi celle du fils ; bien des auteurs insistent à juste titre sur la formidable agressivité mal contenue dans la dyade. « Du jour de ma naissance, la haine de ma mère est tombée sur moi, je me hais[80]. » Chez les Mossi, « une mère qui laisse tomber une goutte de lait de son sein sur le sexe de son bébé détruit irrémédiablement sa virilité à venir[81] ».

Cette vocation claire que la « mère juive » s'assigne et attribue à son fils est assurément clandestine et menacée à la hauteur du risque même que comporte le message : « Ce que l'homme n'entend pas dans une société ou un groupe donné, mon fils l'entendra et le dira. » N'engage-t-elle pas l'enfant dans un formidable parricide symbolique ? « Je t'informe, père, que je sais que ma mère est une femme. » Mieux : « Je dis aux hommes que nos mères sont des femmes. » Seul un héros peut tenir un tel langage, qui comporte en son sein l'étrange injonction paradoxale : « Fils, que ta virilité dise la femme que je suis. » On pense à ce vieux mythe

79. Sigmund Freud, *Nouvelles Conférences d'introduction à la psychanalyse* (1932), Gallimard, 1984.
80. Conrad Stein, *Les Érinyes d'une mère*, Calligrammes, 1987.
81. Françoise Héritier, *op. cit.*, p. 248.

moyenâgeux qu'évoque Hélène Parat-Torrieri[82], où il s'agit de « faire avec son sperme ce que la mère a fait avec son lait ». La mission filiale est implicitement de proposer une société de mères visant à substituer un matrimoine au patrimoine. Ainsi peut-on comprendre le fameux aveu de Freud dans l'analyse de H. D. en 1933 : « Il faut que je vous le dise... je n'aime pas être la mère dans un transfert. Cela me surprend et me choque toujours un peu, je me sens tellement masculin. »

Par contraste, la trajectoire messagère d'une fille semble peu opportune. Aux origines de ce parcours, une étroite identification à sa mère la perturbe ; à son terme, comment peut-elle entrer dans la communauté des hommes, y être écoutée ? L'espoir d'un porte-parole, quand fille il y a, est alors reporté à la troisième génération... lorsque cette messagère procréera un fils. Aristote le savait déjà : « Quand la puissance générique mâle domine, l'enfant est un fils ; dans le cas contraire, c'est la femelle. » Plus la société est masculinocentrique, plus la mère doit faire appel à un fils. L'histoire de Marguerite Duras « sauvée par l'écriture » fournit un exemple frappant des difficultés majeures qu'une fille rencontre lorsqu'elle parle de la féminité maternelle[83].

---

82. Hélène Parat-Torrieri, « Épouse et mère, l'impossible partage », *Nouvelle Revue de psychanalyse*, 1992, 45, 23-48.
83. La mère d'une collègue juive lui déclare à son anniversaire : « Après 40 ans, tu ne me ressembles plus... tu n'es rien. »

Je me demande si Marie Donnadieu n'avait pas enfoui sa féminité sensuelle dans la solitude indochinoise et le couple qu'elle faisait avec son fils aîné ; son mari, « objet inanimé » par son indifférence, ses absences répétées, ses présences solitaires, sa mort précoce, allait contribuer à cet effacement dans les tâches quotidiennes. Sa fille Marguerite s'obstina toute sa vie à écrire sur ce vide, cette soumission au temps. Elle s'est nourrie de ce secret de famille que la féminité maternelle peut être retrouvée par la voie du père, l'être toujours parti et s'originant dans un petit village du nom de Duras. Par ses livres, par sa vie, « prostituée aux choses et aux événements », elle chercha l'étayage paternel afin d'échapper à la soumission au rythme des temps de l'Indochine maternelle par ses écrits[84].

Destin de fils

Le célèbre Portnoy, « ce fils, cet enfant, ce bébé[85] », raconte sa fascination par la féminité maternelle qui fait intrusion, tout le temps et dans tous les domaines de sa vie, hormis son activité autoérotique avec « son zob, le grand libérateur ». Il baigne dans la menace que la mère puisse « l'enfermer en dehors de la maison », « le jeter

---

84. Alain Vircondelet, *Marguerite à Duras*, Éditions n° 1, 1998.
85. Philip Roth, *Portnoy et son complexe, op. cit.*, p. 365.

dans son autodestruction et son impuissance ». Il propose comme morale de son histoire un vœu : « Libérer
ma pine. » Il aurait pu ajouter ma plume. Nous connaissons, comme psychanalyste, en particulier avec les adolescents, ce discours qui vise à expliquer de façon directe
ses complexes par les positions parentales – en établis-
sant des relations de causes à effets. Déduire la mère du
discours de ses enfants serait une erreur méthodolo-
gique grossière. Écoutons plutôt le témoignage, puisque
ce fils doit témoigner. Le messager est un sujet autre que
le message qu'il porte.

Mais quel est l'impact de ce support missionnaire
qu'il assume, véritable intromission, incorporation ? Que
va faire ce fils du brûlot de la féminité maternelle ?
Quels effets être ainsi perpétuellement garanti par sa
mère aura-t-il pour lui, au quotidien ? En sera-t-il ren-
forcé ou fragilisé ? Quels pactes de solidarité se nouent-
ils entre ce missionnaire et sa mère interne ? Une inscription sur le temple d'Isis, la mère nature, donne le
frisson : « Je suis tout ce qui est, a été et sera, et aucun
mortel n'a enlevé mon voile. » Celui qui lit est incité à
s'élever, au-dessus des sens, vers cette sublimation gran-
diose de la figure maternelle. Message à porter, et plus
encore loi pour vivre.

Dès lors, le fils est confronté à deux options contradictoires, mais qu'il peut associer lors des crises existen-
tielles de sa vie. Il peut garder le message et s'appuyer
sur la loi qu'il contient pour sa personnification, au ris-

que d'être constamment confronté à l'obscure puissance paternelle, entraînant mélancolie et/ou paranoïa. Il peut au contraire le refuser au risque de se perdre. L'affrontement suppose alors des appuis phalliques chaleureux, masculins et féminins, mais aussi compris ancestraux. Nous le savons, les grands-parents guettent les aléas de la transmission.

Dans tous les cas de figure, cet élu est un héros. Non pas sous l'angle d'une fatalité criminelle qui lui ferait usurper indûment une place, mais à travers l'idée d'un destin exceptionnel, lié à un choix maternel : l'élection d'un fils appelé à remplir une fonction vis-à-vis de laquelle le père manifeste une certaine « défection ». Le sacrifice à quoi s'oblige le fils, du fait de la dette du père, lui vaut en même temps le privilège terrible et secret d'être haussé à la fonction paternelle parce qu'il est l'enfant élu de la mère. Il n'est pas l'enfant pervers du fantasme œdipien réalisé. (Le père du « héros » n'est déficient que sur le plan du désir absolu, non sur le plan sexuel.) Il est l'enfant « préféré » de la mère[86].

Toutefois, comme tout héros, il risque de demeurer en deçà de sa mission. Comment pourrait-il ne pas l'être, d'ailleurs ? Il peut déchoir par rapport à son idéal et se trouver médiocre, dévalué, marginal dans une analité dérisoire et destructrice ; ailleurs, s'identifiant au message, voilà qu'il se trouve quelque chose de féminin ; ou

---

86. Anne Juranville, *La Femme et la mélancolie*, *op. cit.*, p. 254.

encore, appendice jamais satisfait de la mère, fétiche de celle-ci, disions-nous. Il peut démissionner, partir ; « l'enfant prodigue » du Nouveau Testament est accueilli par le père, qui efface le rôle maternel. La position de la mère est bien entendu tragique, lorsque l'élu la trahit ; on se souvient comment, dans l'horrible *Vipère au poing* et *Le Cri de la chouette* d'Hervé Bazin[87], Folcoche, déçue par son préféré, se rabat sur son autre fils Jean et ses deux familles successives, semant méfiance et discorde.

Le statut de messager est lourd : tout se passe comme si le pacte de solidarité était en lui une lacune, un kyste toujours présent, immuable[88]. Une partie de lui-même, clivée du reste, demeure inchangée par le temps et par l'espace, véritable forclusion secrète du reste de son personnage en hommage à la femme merveilleuse dont il est tenu de témoigner (et que son père n'a pas honorée d'une façon « suffisamment bonne »). Quoi qu'il dise, quoi qu'il fasse et même quoi qu'il pense, il tient un rôle qu'il connaît bien mais n'a pas appris. Sa vie se joue sur les planches, au gré d'un scénario dont il n'a pas rédigé le texte, qu'il doit répéter régulièrement. Enfant, il y était ; adulte, il ne peut que continuer ce jeu.

Ce fils se trouve inclus dans la dramatisation hystéri-que de la mère. Malgré un intellectualisme parfois for-

---

87. Hervé Bazin, *Vipère au point*, Grasset, 1969 ; *Le Cri de la chouette*, Grasset, 1972.
88. On pense à l'enclavement tel que le décrivent Nicolas Abra-ham et Maria Torok, *L'Écorce et le Noyau*, Aubier-Flammarion, 1987.

cené et qui se voudrait antidote à l'hystérie maternelle, il
ne parvient qu'à des justifications, des plaisanteries, des
obsessions. Lorsque la mère parle, elle l'envahit ; quand
elle ne parle pas, elle laisse parler une mère interne bien
plus redoutable. L'hystérie de la mère – moyennant les
réserves évoquées plus haut – est bien ancrée dans ce partenaire privilégié. Il a beau imaginer que son destin n'est
qu'un exemple de l'universel ou le reflet de quelque surmoi culturel (juif par exemple), l'affaire ne le lâche pas.
Une part de lui est fausse. Encore n'ose-t-il pas le dire,
car une telle proposition refléterait une condamnation
secrète du discours maternel : faux-semblant, faux-self.

Puisque ce faux est lui-même, n'est-il pas alors dans
le paradoxe, puisqu'il sait bien que ce discours sur la
féminité doit être parole d'homme ? Bisexualité psychique, ambivalence, assurément ces termes ne conviennent
pas... Nous ne sommes pas ici dans le registre du refoulement névrotique, nous sommes dans celui du clivage :
d'une part, un sujet mène sa vie ; et, d'autre part, cette
lacune lui colle à la peau. Ne confondons pas, chez cet
homme, les éléments féminins communs à tous les
autres hommes, avec cette enclave bien défendue et arri-
mée par le destin : « Tu ne peux oublier ta mère. »
Étrange fils, donc, qui mène une double vie, tient un
double discours à la fois si étranger et si familier. À
décrire ainsi cet homme, on pense au cloisonnement qui
dirige les conduites perverses ou fétichiques. Mais ces
appellations seraient psychopathologiques si elles n'étaient

culturelles. Or, si la plupart des fils sont comme cela, ils sont dans l'ordinaire ! On aurait tendance à l'oublier dans le feu de cette description : quel fils ne reçoit pas une mission semblable ? Le mode de transmission dit « juif » serait le paradigme du matrimoine.

La présence réelle, physique de cette femme, comporte bien des avantages, toute contraignante qu'elle est : elle permet l'opposition caractérielle, la violence du propos, la tentative de dégagement. La représentation de cette mère absente offre aussi ses avantages, puisqu'il est même possible d'en plaisanter. Autrement redoutable est l'absence physique et imagoïque de cette femme, qui n'est alors présente que comme un processus d'idéal, un ensemble de principes, de vérités abstraites, de représentations supposées, de règles à suivre : un matrimoine, un ensemble qui ne correspond pas à l'éthique du sujet et qui s'impose par le haut-parleur de l'enclave. Il est bien difficile de lutter contre cette infiltration justifiant des services eux-mêmes secrets.

Ce fils ne sera pas conforme à tous les autres fils. Depuis un siècle s'est déclenché un soupçon, une méfiance à l'endroit de l'imagination. Or cette mère camperait en son fils pour que, grâce à elle, il puisse garder sa confiance en l'imaginaire... en la poésie à condition qu'elle soit là. La « mère juive », si forte aujourd'hui, reflet de nos familles contemporaines, pourrait être un garant de l'imaginaire dans un monde d'hommes quotidiennement occupé par le savoir-pouvoir phallique !

Reste, et Portnoy nous le montre, que la mission n'est jamais accomplie. Jamais il ne s'autorisera « à baiser simplement quelques blondes à gros seins », et, si jamais il y parvient, il reçoit un message de ses parents : « Viens me voir[89] »… Bien entendu, pour informer que la fameuse mission continue à être remplie. La solution que Philip Roth semble utiliser avec le plus grand bonheur est l'écriture. Je suis responsable mais non coupable de dire que « les parents sont les producteurs de la culpabilité et les plus ingénieux de notre époque[90] ». L'ordre maternel est entendu : « Ne hurle pas dans le désert, tu es le grand homme de la maison, malgré ton petit machin. » Acteur involontaire, séduit par le rôle dont il ne peut qu'ignorer le sens, il est le héros d'une mission qui à la fois le dépasse et l'efface.

Philippe Gutton

---

89. Philip Roth, *Portnoy et son complexe*, *op. cit.*, p. 55.
90. *Ibid.*

POUR ALLER PLUS LOIN

GILLES AGACHE, *J'aurai tant voulu qu'il soit docteur*, Calmann-
  Lévy, 2000.

PIERRE ANGEL, CORINNE ANTOINE, NATHALIE DURIEZ, SYLVIE ANGEL,
  « Les thérapies familiales systémiques », in *Guérir les souf-
  frances familiales* (sous la dir. de Pierre Angel et Philippe
  Mazet), PUF, 2004.

GREGORY BATESON, *Ecology of Mind*, Ballantines Books, 1972 ;
  trad. fr. *Vers une écologie de l'esprit*, tomes 1 et 2, Seuil,
  1977-1980.

HERVÉ BAZIN, *Vipère au poing*, Grasset, 1991.

SAUL BELLOW, *Les Aventures d'Augie March*, Flammarion, 1953.

ALBERT COHEN, *Le Livre de ma mère*, Gallimard, 1954.

FRANÇOISE COUCHARD, *Emprise et Violence maternelles*, Dunod,
  1991.

RENÉE DAVID, *Les Femmes juives*, Perrin, 1988.

CAROLINE ELIACHEFF (en collaboration avec Nathalie Heinich),
  Mères-filles, une relation à trois, Albin Michel, 2002.

SIGMUND FREUD, *Le Mot d'esprit et sa relation à l'inconscient*,
  Gallimard, 1988.

DAN GREENBURG, *Comment devenir une mère juive en dix leçons*,
  Seghers, 1971.

BRUNO HALIOUA, *Mères juives des hommes célèbres*, Éditions
  Bibliophane, 2002.

ÉRICA JONG, *Le Complexe d'Icare*, Robert Laffont, 1976.

RACHEL JOSEFOWITZ SIEGEL, *Jewish Women in Therapy : Seen but
  not Heard*, Ellen Cole Haworth Press, 1991.

RACHEL JOSEFOWITZ SIEGEL, *Jewish Mothers Tell Their Stories*,
  Ellen Cole Haworth Press, 2000.

ROMAIN GARY, *La Promesse de l'aube*, Gallimard, 1960.

GROUCHO MARX, *Les Mémoires de Groucho Marx*, Éditions l'Atalante, 1959.

DAVID MAGHNAGI, *Freud and Judaism*, Karnac Book, 1993.

ALDO NAOURI, *Les Filles et leurs Mères*, Odile Jacob, 1998.

ALDO NAOURI, *Une place pour le père*, Seuil, 1985, « Points-Seuil-Essais », 1992.

ALDO NAOURI, *Les Pères et les Mères*, Odile Jacob, 2004.

MARC-ALAIN OUAKNIN, DORY ROTNEMER, *Tout l'humour juif*, Éditions Assouline, 2001.

MARC-ALAIN OUAKNIN, DORY ROTNEMER, *La Bible de l'humour juif*, Ramsay, 1995.

GAIL PARENT, *Sheila Levine est morte et vit à New York*, Robert Laffont, 1973.

CHAÏM POTOK, *L'Élu*, 10/18, 1987.

CHAÏM POTOK, *La Promesse*, Buchet-Chastel, 1978.

RIV-ELLEN PRELL, *Fighting to become American*, Beacon Press, 1999.

PHILIP ROTH, *Portnoy et son complexe*, Gallimard, 1970.

PHILIP ROTH, *Goodbye Colombus*, Gallimard, 1962.

Edward SHORTER, *Le Corps des femmes*, Seuil, 1984.

JUDITH STORA-SANDOR, *L'Humour juif dans la littérature : de Job à Woody Allen*, PUF, 1984.

DAVID WALDEN, *Twentieth-Century American Jewish Fiction Writers*, Gale Research Co., 1984.

REMERCIEMENTS

Nous tenons à exprimer notre sincère gratitude à notre éditeur, Odile Jacob. Elle a accueilli d'emblée notre projet avec un vif intérêt et elle a manifesté à notre endroit une confiance qui ne s'est jamais démentie. C'est grâce à elle que nous avons pu mener à bien notre réflexion et produire un travail que nous espérons digne de son soutien.

Nous souhaitons aussi exprimer nos plus vifs remerciements à Jean-Luc Fidel, pour l'attention qu'il a portée à nos textes et pour les précieux conseils qu'il nous a dispensés, tant sur le fond que sur l'agencement et la forme de nos propos respectifs.

A. N., S. A., P. G.

Ce projet me tenait à cœur depuis fort longtemps ; il est le fruit d'expériences multiples, et bien souvent d'histoires relatées par mes patients. Qu'ils en soient remerciés.

Je voudrais plus particulièrement remercier Marika Moisseiff, psychiatre et ethnologue, qui a envoyé un certain nombre de mails à travers les États-Unis pour récolter une bibliographie concernant les mères juives.

Je voudrais remercier spécialement tous les contacts que j'ai obtenus grâce à Marika, en particulier son petit-cousin, Dror Mishani, et également Faye Ginsburg, directrice du Center for Media, Culture and History, à la New York University, ainsi que Bambi Schieffelin, qui m'a sélectionné onze thèses traitant des mères juives (NYU) et des bibliographies.

Un grand merci également à Simon Kesterton qui m'a aidée à traduire de nombreux articles américains et à éviter ainsi des contresens.

Gisèle Harrus a eu la gentillesse de relire mes écrits et de me suggérer des modifications tout à fait intéressantes. Sa précision et sa connaissance du sujet ont largement contribué à cette partie d'ouvrage.

Mais c'est grâce au travail de Bastien Miraucourt, à sa rigueur et à sa plume que j'ai réussi à enchaîner l'historique de ce concept. Il a su développer et étayer des propos un peu arides et les rendre plus pertinents. Il m'a permis de clarifier des idées tout en retrouvant des ouvrages de références.

Bien entendu, je dois remercier Aldo Naouri et Philippe Gutton pour les moments fort agréables passés ensemble. Nos discussions passionnantes et passionnées m'ont aidée à comprendre les subtilités des concepts évoqués.

Mais c'est avant tout ma famille d'origine, mon mari et mes enfants qui ont acquis ce savoir des mères juives que je dois remercier.

S. A.

TABLE

Cet ouvrage a été transcodé et mis en pages
chez NORD COMPO (Villeneuve d'Ascq)

Impression réalisée sur Presse Offset par

C P I

Brodard & Taupin

La Flèche (Sarthe) - le 19-02-2007
N° d'impression : 39483
N° d'édition : 7381-1898-X
Dépôt légal : mars 2007

Imprimé en France